GW01558158

CATHÉDRALE DE NOYON / PHOTO P.B.

Les itinéraires de randonnée pédestre connus sous le nom de « GR », jalonnés de marques blanc-rouge, sont une création de la Fédération française de la randonnée pédestre. Ils sont protégés au titre du code de la propriété intellectuelle. Les marques utilisées sont déposées à l'INPI. Nul ne peut en disposer sans autorisation expresse. Sentier de Grande Randonnée, Grande Randonnée de Pays, Promenade & Randonnée, Randocitadines, « A pied en famille », « les environs de... à pied », sont des marques déposées, ainsi que les marques de couleur blanc-rouge et jaune-rouge.

1re édition : mars 2008 - ISBN 978-2-7514-0231-9 © IGN 2008 (fonds de cartes) - Dépôt légal : mars 2008

Les régions de France

La Picardie... à pied®

45 PROMENADES & RANDONNÉES

AVEC L'APPUI TECHNIQUE DU COMITÉ RÉGIONAL DE LA RANDONNÉE PÉDESTRE DE LA PICARDIE ET DES COMITÉS DÉPARTEMENTAUX DE L'AISNE, DE L'OISE ET DE LA SOMME

www.ffrandonnee.fr

BIEN PRÉPARER SA RANDONNÉE

Bien préparer sa randonnée

Les itinéraires de Promenade et Randonnée (PR) sont en général des boucles : on part et on arrive au même endroit.

QUATRE NIVEAUX DE DIFFICULTÉS À CONNAÎTRE

Les randonnées sont classées par niveaux de difficulté. Elles sont différenciées par des couleurs dans la fiche de chaque circuit.

TRÈS FACILE **> Moins de 2 heures de marche**

Idéal à faire en famille. Sur des chemins bien tracés.

FACILE **> Moins de 3 heures de marche**

Peut être faite en famille. Sur des chemins avec quelques passages moins faciles.

MOYEN **> Moins de 4 heures de marche**

Pour les randonneurs habitués à la marche. Avec quelquefois des endroits assez sportifs et/ou des dénivelées.

DIFFICILE **> Plus de 4 heures de marche**

Pour des randonneurs expérimentés et sportifs. L'itinéraire est long et/ou difficile (dénivelées, passages délicats).

Durée de la randonnée

La durée est calculée sur la base de 3 km/h pour les balades vertes et bleues, et de 4 km/h pour les randonnées rouges et noires. La durée indiquée tient compte de la longueur et des dénivelées. Si vous randonnez avec des enfants, reportez-vous page 8.

COMMENT SE RENDRE SUR PLACE ?
En voiture

Tous les points de départ sont en général accessibles par la route. Un parking est situé à proximité du départ de chaque randonnée. Ne laissez pas d'objet apparent dans votre véhicule.

Veillez à ce que votre véhicule ne gêne pas le passage des engins forestiers ou agricoles, même le dimanche. Il est interdit de stationner derrière les barrières de routes forestières.

Par les transports en commun

L'accès par les transports en commun est signalé à la rubrique Situation de chaque itinéraire. Attention, certains services sont réduits ou inexistants les week-ends, jours fériés et période de congés scolaires.
SNCF > tél. 36 35 (0,34 euro/minute) ou www.voyages-sncf.com
Cars et bus > contactez l'office du tourisme ou le syndicat d'initiative (voir coordonnées plus loin)

L'ÉQUIPEMENT D'UNE BONNE RANDONNÉE
Les chaussures

Les chaussures de randonnée doivent être confortables et garantir un bon maintien du pied et de la cheville. Si elles sont neuves, prenez le temps de les faire à votre pied avant. Les tennis seront limitées à une courte marche de quelques heures.

Le sac à dos

Un sac de 20 à 40 L conviendra largement pour les sorties à la journée.

Les vêtements

Le système des « 3 couches » est fondamental : sous-vêtement en fibres synthétiques, pull ou sweat en fibre polaire, coupe-vent, de préférence respirant.

Équipement complémentaire

Une paire de lacets, de la crème solaire, une casquette, des lunettes, une trousse de secours, une boussole, un appareil photo.

4 indispensables à ne pas oublier !

1 > Bien s'hydrater

La gourde est l'accessoire indispensable, été comme hiver.

3 > Mieux observer

En montagne ou dans un parc, **une paire de jumelles**.

2 > Toujours dans la poche !

Un couteau multifonctions.

4 > Mieux se repérer

Une lampe torche en cas de tunnel, grotte.

Autres > un pique-nique ou, pour les courtes marches, quelques provisions qui aideront à terminer un itinéraire, surtout avec des enfants.

QUAND RANDONNER ?

Avant de partir, toujours s'informer sur le temps prévu :
Météo France : tél. **32 50** (0,34 euro/minute) ou www. meteo.fr

En période estivale

Les journées longues permettent les grandes randonnées, mais attention au coup de chaleur. Il faut s'astreindre à boire beaucoup : environ 5 à 6 gorgées toutes les 20 minutes, soit au minimum 1,5 L d'eau par personne pour une demi-journée de marche.

En automne-hiver

Pendant la saison de la chasse, de fin septembre à fin février, ne vous écartez pas des chemins balisés, qui sont des chemins ruraux ouverts au public (de chaque côté du chemin, le terrain est propriété privée). En hiver, veillez à ne pas déranger la faune sauvage, observez les traces sans vouloir les suivre.

DÉSAGRÉMENTS ET DANGERS

L'orage

Ne pas rester debout sous un arbre ou un rocher, ou près d'une cabane ; s'éloigner des cours d'eau et des pylônes. S'accroupir sur ce qui peut être isolant (sac, corde), tenir les deux pieds bien serrés.

La chaleur excessive

Protégez-vous la tête et le corps, buvez souvent. Dès les premiers signes (maux de tête, nausées), il est indispensable de s'arrêter, de se mettre à l'ombre et de boire frais à petites gorgées.

La baignade

Le danger principal est le choc thermique. Il faut entrer progressivement dans l'eau, et renoncer en cas de sensation anormale (grande fatigue, vertige, bourdonnements d'oreille…).

**N° d'urgence
Secours 112
Pompiers 18
Samu 15
Gendarmerie
17**

Marcher le long d'une route

Mieux vaut marcher en colonne le long d'une route. La nuit, chaque colonne empruntant la chaussée doit être signalée à l'avant (feu blanc ou jaune) et à l'arrière (feu rouge).

Quelques adresses pour vous aider

COMITÉ RÉGIONAL DU TOURISME (CRT)
• CRT de Picardie, 3 rue Vincent-Auriol, 80000 Amiens, tél. 03 22 22 33 66, www.picardietourisme.com

COMITÉS DÉPARTEMENTAUX DU TOURISME (CDT)
• **CDT de la Somme**, 21 rue Ernest-Cauvin, 80000 Amiens, tél. 03 22 71 22 71, www.somme-tourisme.com
• **CDT de l'Aisne**, 24-28 avenue Charles-de-Gaulle, 02007 Laon cedex, tél. 03 23 27 76 76, www.evasion-aisne.com
• **CDT de l'Oise**, 19 rue Pierre-Jacoby, BP 80822, 60008 Beauvais, tél. 03 44 45 82 12, www.oisetourisme.com

OFFICES DU TOURISME OU SYNDICATS D'INITIATIVE
Dans l'Aisne : Condé-en-Brie, tél. 03 23 82 05 38 • Coucy-le-Château, tél. 03 23 52 44 55 • La Fère-en-Tardenois, tél. 03 23 82 31 57 • Guise, tél. 03 23 60 45 71 • Hirson, tél. 03 23 58 03 91 • Laon, tél. 03 23 20 28 62 • Le Nouvion-en-Thiérache, tél. 03 23 97 98 06 • Pays du Vermandois, tél. 03 23 09 23 80 • Saint-Quentin, tél. 03 23 67 05 00 • Soissons, tél. 03 23 53 17 37 • Vailly-sur-Aisne, tél. 03 23 74 62 47 • Vervins, tél. 03 23 98 11 98 • Ouvert en saison : La Capelle, tél. 03 23 97 35 55
Dans l'Oise : Beauvaisis, tél. 03 44 15 30 30 • Clermont, tél. 03 44 50 40 25 • Compiègne, tél. 03 44 40 01 00 • Creil, tél. 03 44 55 16 07 • Crépy-en-Valois, tél. 03 44 59 03 97 • Picardie Verte et ses Vallées, tél. 03 44 46 42 20 • Noyon et Noyonnais, tél. 03 44 44 21 88 • Pont-Sainte-Maxence, tél. 03 44 72 35 90 • Saint-Germer-de-Fly, tél. 03 44 82 62 74 • Saint-Leu-d'Esserent, tél. 03 44 56 38 10 • Senlis, tél. 03 44 53 06 40 • Ouvert le week-end : Sablons en Pays de Nacre, tél. 03 44 08 30 18 • Ouvert en saison : Gerberoy, tél. 03 44 82 54 86
Dans la Somme : Abbeville, tél. 03 22 24 27 92 • Albert pays du Coquelicot, tél. 03 22 75 16 42 • Amiens, tél. 03 22 71 60 50 • Ault, tél. 03 22 60 57 15 • Cayeux-sur-Mer, tél. 03 22 26 61 15 • Corbie, tél. 03 22 96 95 76 • Le Crotoy, tél. 03 22 27 05 25 • Doullens, tél. 03 22 32 54 52 • Long, tél. 03 22 31 82 50 • Longpré-les-Corps-Saints, tél. 03 22 31 72 02 • Montdidier, tél. 03 22 78 92 00 • Péronne, tél. 03 22 84 42 38 • Picquigny, tél. 03 22 51 46 85 • Poix de Picardie, tél. 03 22 90 12 23 • Saint-Riquier, tél. 03 22 28 91 72 • Saint-Valery-sur-Somme, tél. 03 22 60 93 50

FÉDÉRATION FRANÇAISE DE LA RANDONNÉE PÉDESTRE
• Centre d'information de la Fédération française de la randonnée pédestre, 64, rue du Dessous-des-Berges, 75013 Paris, tél. 01 44 89 93 93, fax 01 40 35 85 67, e-mail : info@ffrandonnee.fr, Internet : wwww.ffrandonnee.fr

COMITÉS DÉPARTEMENTAUX DE LA RANDONNÉE PÉDESTRE
• **Comité départemental de la randonnée pédestre de l'Aisne**, 1, chemin du Pont-de-la-Planche, BP 20, Barenton Bugny, 02930 Laon Cedex, tél. 03 23 79 09 35, fax : 03 23 79 44 73, e-mail : cdrpaisne@aol.com, Internet : www.naturagora.fr
• **Comité départemental de la randonnée pédestre de l'Oise**, 62, avenue Jean-Jaurès, 60290 Rantigny, tél. 06 13 64 45 26, fax : 03 44 73 03 56, e-mail : cdrp60@wanadoo.fr
• **Comité départemental de la randonnée pédestre de la Somme**, 12, rue Watteau, 80000 Amiens, tel./fax : 03 22 43 34 42, e-mail : cdrp80.prestaux@free.fr

COMITÉ RÉGIONAL DE LA RANDONNÉE PÉDESTRE
• Comité régional de la randonnée pédestre de Picardie, 2 bis, rue de la Tannerie, 80250 Ailly-sur-Noye, tél./fax : 03 22 41 08 27, e-mail : randopicardie@wanadoo.fr, Internet : www.randopicardie.com

BIEN PRÉPARER SA RANDONNÉE

À CHACUN SON RYTHME…

Les enfants jusqu'à environ 7 ans

Sur le dos de ses parents jusqu'à 3 ans, l'enfant peut ensuite marcher, dit-on, un kilomètre par année d'âge. Question rythme, on suppose une progression horaire de 1 à 2 km en moyenne.

De 8 à 12 ans

On peut envisager des sorties de 10 à 15 km. Les enfants marchant bien mieux en groupe, la présence de copains favorisera leur énergie. Si le terrain ne présente pas de danger, ils apprécieront une certaine liberté, en fixant des points de rendez-vous fréquents.

Les adolescents qui sont en pleine croissance ont des besoins alimentaires plus importants que les adultes.

Les seniors

La marche a pour effet la préservation du capital osseux, et fait travailler en douceur l'appareil cardio-vasculaire. Un entretien physique régulier de 30 minutes à 1 heure de marche quotidienne est requis pour envisager de plus longues sorties. Un bilan médical est recommandé.

Où se restaurer et dormir dans la région ?

TROIS TYPES D'APPELLATION

1 **Alimentation** > pour un pique-nique : épicerie, boucherie ou traiteur, à la découverte des produits locaux.

2 **Restauration** > un café ou un restaurant, pour reprendre son souffle et savourer les spécialités du terroir.

3 **Hébergement** > de nombreuses possibilités d'hébergement existent : pour plus d'informations, **consulter le comité départemental du tourisme ou les offices de tourisme locaux.**

Les établissements Rando Accueil (gîtes, hôtels, campings) sont sélectionnés pour leur convivialité et leur environnement de qualité ; en outre, ils proposent des conseils personnalisés pour découvrir les itinéraires de randonnée alentour. www.rando-accueil.com

● ● ● Tableau des ressources

	Commerce	Restaurant	Hébergement
Amiens	●	●	●
Ault	●	●	●
Authuille		●	●
Bellicourt		●	
Boulogne-la-Grasse	●	●	●
Boves	●	●	●
Cappy		●	
Condé-en-Brie	●	●	
Connigis			●
Contay		●	
Coucy-le-Château-Auffrique	●	●	●
Crépy-en-Valois	●	●	●
Etréaupont	●	●	●
Fresnoy-le-Grand	●	●	
Gerberoy		●	●
Guise	●	●	●
Laon	●	●	●
Le Crotoy	●	●	●
Le Hourdel		●	●
Long	●	●	●

	Commerce	Restaurant	Hébergement
Longpré-les-Corps-Saints	●	●	●
Lucheux	●		●
Merlieux-et-Fouquerolles		●	●
Montdidier	●	●	●
Noyon	●	●	●
Orvillers-Sorel			●
Peronne	●	●	●
Picquigny	●	●	●
Saint-Felix		●	●
Saint-Just-en-Chaussée	●	●	●
Saint-Quentin	●	●	●
Saint-Quentin - la Motte - Croix-au-Bailly	●	●	●
Saint-Riquier	●	●	●
Saint-Sulpice			●
Samoussy		●	
Senlis	●	●	●
Soissons	●	●	●
Songeons	●	●	●
Trie-Château	●	●	●
Vauxbuin		●	

Retrouvez la Fédération sur internet

www.ffrandonnee.fr

● Pour connaître toute l'actualité de la randonnée.

● Pour découvrir les derniers topo-guides parus.

● Pour trouver une formation à la randonnée ou une association de randonneurs avec qui partir sur les sentiers.

Pour mieux connaître la région

CONNAISSANCE HISTORIQUE ET GÉOLOGIQUE DE LA RÉGION
- « Découvertes et fouilles à la justice et à clair puits à partir de 1850, Nizy le Comte », société académique de Laon.
- *Aisne*, collection « le guide », éd. La Renaissance du livre, 2000.
- *Archives communales, Laon, 1790–1945*, archives Aisne, 1991.
- *Bassin de Paris, guide géologique régional*, Masson et Compagnie éd., 1974.
- *Le château fort de Guise,* cahier de 30 pages publié par le Club du Vieux Manoir, Nouvelles éditions latines.
- *Vauxbuin le château*, société archéologique de Soissons, 1852.
- Mémoire société d'agriculture de la Marne, 1974.
- Delattre C., Meriaux E., Waterlot M., *Région du Nord, guide géologique régional*, Masson et Cie éd., 1973.
- Enaud F., *Le château de Coucy*, caisse nationale des monuments historiques.
- Heliot P., *Seringes et Nesles, Le château de Nesles en Dôle et les fortifications du 13ᵉ*.
- Henriet, F., *Le château de Fère-en-Tardenois*, 1856.
- Lucot Y. M., *Chronique de la vigne et des vendangeoirs du pays laonnois*, éd. Vague Verte, 1994.
- Mulot J.-P., Bellet S., *Jardins de Picardie*, éd. Du Quesne, 2000.
- Thiebaut J., *Dictionnaire des châteaux de France : Artois, Picardie*, éd. Berger-Levrault, 1978.

GUIDES TOURISTIQUES SUR LA RÉGION
- *Oise, le guide*, éd. Castermann, 1997.
- *Guide bleu Picardie : Aisne, Oise, Somme*, éd. Hachette.
- *Guide vert Picardie, Flandres, Artois*, éd. Michelin.
- *Picardie, encyclopédie régionale*, éd. Bonneton.

SUR LA RANDONNÉE
- *Les GR de Picardie*, réf. 800, éd. FFRandonnée.
- *L'Oise... à pied,* réf. D060, éd. FFRandonnée.
- *La côte picarde... à pied,* réf. P804, éd. FFRandonnée.
- *Les environs de Paris… à pied,* réf. RE01, éd. FFRandonnée.

HÉBERGEMENT
- *Gîtes d'étapes et refuges, France et frontières,* A. et S. Mouraret, éd. Rando Editions, www.gites-refuges.com

---

CARTES DE LA RÉGION
- **CARTES IGN AU 1 : 25 000 :** N° 2106 E, 2107 OT, 2111 OT, 2207 O, 2208 O et E, 2112 E, 2209 E, 2210 O et E, 2211 O, 2212 O et E, 2306 E, 2307 E, 2308 O et E, 2309 E, 2310 O et E, 2311 E, 2311 O, 2312 O et E, 2407 O et E, 2408 O et E, 2409 O, 2410 O et E, 2412 OT, 2508 O, 2510 O, 2512 OT, 2608 O, 2609 O, 2610 O et E, 2611 O et E, 2612 E, 2613 E, 2708 E et O, 2710 O et E, 2810 O

- **CARTES IGN AU 1 : 100 000 LILLE-CALAIS (01), ROUEN-ABBEVILLE (03), LAON-ARRAS (04), MAUBEUGE-CHARLEVILLE-MÉZIÈRES (05), PARIS-ROUEN (08) ET PARIS-LAON (09)**

Pour connaître la liste des autres topo-guides de la Fédération française de la randonnée pédestre, se reporter au catalogue disponible au Centre d'information (voir « Quelques adresses pour vous aider »).

Y'A CEUX QUI RONRONNENT...
ET CEUX QUI RANDONNENT

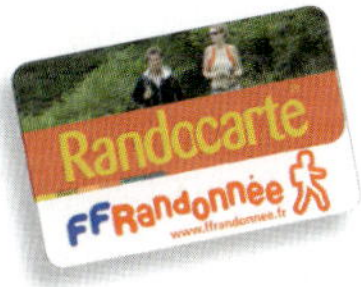

Rejoignez la Fédération et prenez votre Randocarte® ;
vous bénéficierez :

→ **D'une assurance adaptée et performante**
→ **D'avantages et services**

Et en plus, vous soutiendrez les actions menées par la
Fédération Française de la Randonnée Pédestre :

→ **Création et balisage des itinéraires de randonnée**
  (GR® - GRP® - PR®)
→ **Entretien des chemins et sentiers de France**
→ **Protection de l'environnement**

dialis.cfe

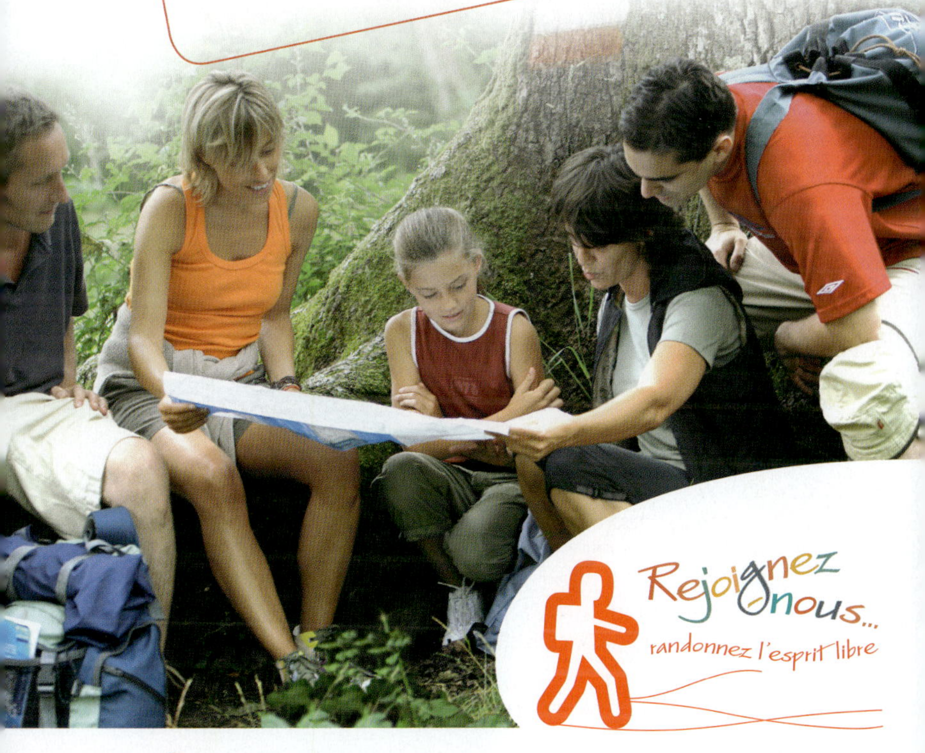

Rejoignez nous...
randonnez l'esprit libre

www.ffrandonnee.fr

Pour toute information :
Centre d'informations de la Fédération Française de la Randonnée Pédestre
www.ffrandonnee.fr – tél. 01 44 89 93 93

Rejoignez-nous et randonnez l'esprit libre

Pour mieux connaître la fédération, les adresses des associations de votre département, pour tout savoir sur l'actualité de la randonnée, pour adhérer ou découvrir la collection des topo-guides.

Tout sur
www.ffrandonnee.fr

Création : Sarbacane Design

FFRandonnée

Suivez les balisages de la **FF**Randonnée

LES TYPES DE BALISAGE

Type de sentiers			
Bonne direction			
Tourner à gauche			
Tourner à droite			
Mauvaise direction			

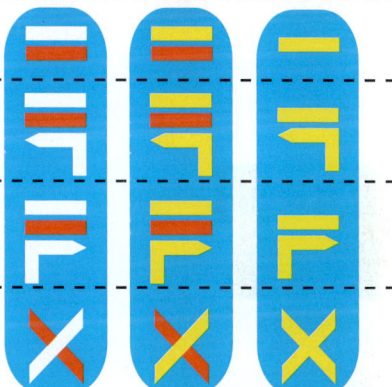

1 Grande Randonnée / **2** Grande Randonnée de Pays / **3** Promenade & Randonnée

MARQUAGES DES BALISAGES

Le jalonnement des sentiers consiste en marques de peinture sur les arbres, les rochers, les murs, les poteaux. Leur fréquence est fonction du terrain.

Les baliseurs : savoir-faire et disponibilité

Pour cheminer sereinement, 6 000 bénévoles passionnés s'activent toute l'année, garants d'un réseau d'itinéraires de 180 000 kilomètres de sentiers, sélectionnés selon des critères de qualité.

Parce que votre passion est sans limite...

Passion Rando Magazine

le compagnon indispensable pour parcourir toute l'actualité de la rando en France comme à l'étranger

4 numéros par an pour :

+ de randos d'ici et d'ailleurs

+ d'infos pratiques

+ d'implication en faveur du développement durable

+ d'infos locales

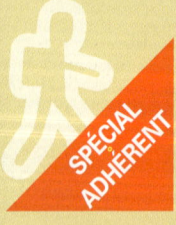

SPÉCIAL ADHÉRENT

Vous êtes adhérents de la Fédération, vous pouvez payer votre abonnement à **Passion Rando Magazine 4 € seulement** en même temps que votre cotisation annuelle (licence et Randocarte®).

Contactez votre club de randonnée ou votre Comité Départemental de la Randonnée Pédestre.

☒ **Oui**, je désire m'abonner à **Passion Rando Magazine**

● **Abonnez-vous via Internet sur :** **www.ffrandonnee.fr**, rubrique **«boutique»** ou

● **Abonnez-vous par courrier ;** envoyez sur papier libre vos coordonnées accompagnées d'un chèque de **6€** **à l'ordre de FFRandonnée** à l'adresse suivante :

SIF FFRandonnée SEII télémat 14490 Litteau.

www.ffrandonnee.fr

Conformément à la loi informatique et liberté du 6 janvier 1978, vous disposez d'un droit d'accès et de recti cation aux informations vous concernant.

Des sentiers
balisés à
travers toute
la France

LA FFRandonnée AUJOURD'HUI ?

La Fédération française de la randonnée pédestre, c'est plus de 190 000 adhérents, 3 000 associations affiliées, 180 000 km de sentiers balisés GR® et PR®, 120 comités régionaux et départementaux, 4 000 animateurs, 6 000 baliseurs bénévoles, 260 topo-guides, un magazine de randonnée Passion Rando et un site Internet : www.ffrandonnee.fr.

PARTENARIAT : engagé depuis 1992, Gaz de France soutient l'ensemble des secteurs d'activités de la Fédération : sentiers, balisage, édition et information du grand public.

Passion Rando, le magazine des randonneurs

Passion Rando Magazine apporte aux amoureux de la rando et d'authenticité toutes les pistes de découverte des régions de France et à l'étranger, les propositions d'itinéraires, d'hébergements et des bonnes adresses.

En valorisant les actions locales d'engagement pour la défense de l'environnement et d'entretien des sentiers, Passion Rando Magazine porte un message sur le développement durable, la préservation de la nature et du réseau d'itinéraires de randonnée pédestre.

Abonnez-vous sur www.ffrandonnee.fr

Un PR agréé par le Comité départemental de la randonnée pédestre est un itinéraire attractif (paysages variés et curiosités naturelles ou historiques) et qui satisfait aux conditions de pérennité, de sécurité et de respect des milieux traversés.

PARTEZ TRANQUILLE AVEC LA RandoCarte®
4 atouts au service des randonneurs

• Une assurance spéciale « randonnée »
• Une assistance 24/24 h et 7/7 jours en France comme à l'étranger
• Des avantages quotidiens pour vous et vos proches
• Un soutien à l'action de la Fédération française de la randonnée pédestre et aux bénévoles qui entretiennent vos sentiers de Grande Randonnée et de Promenade et Randonnée

Vous aimez la randonnée

Depuis plus d'un demi-siècle, la Fédération vous propose une assurance, adaptée et performante dont profitent déjà plus de 190 000 passionnés. Faites confiance à la RandoCarte® : elle vous est conseillée par des spécialistes du terrain, passionnés de randonnée…

Une fois encore, ils vous montrent le chemin !

PICARDIE
LA RÉGION

Editorial

La randonnée est aujourd'hui une pratique qui ne cesse de progresser : en groupe ou pas, elle permet, outre une activité sportive, de découvrir un territoire en profondeur, en prenant le temps de la découverte et de la rencontre.

La Picardie s'y prête particulièrement bien et la publication de ce topo-guide démontre combien notre région recèle de trésors trop souvent méconnus : le contraste des paysages se reflète dans la variété des circuits proposés ; les itinéraires conseillés et parfaitement balisés sont à même de satisfaire la curiosité des marcheurs régionaux mais également des nombreux visiteurs souhaitant parcourir la Picardie par ses chemins de traverse.

Astuces, photos, fiches pratiques… autant d'éléments contenus dans cet ouvrage et qui en font un document incontournable à consulter avant de partir sur les chemins picards mais également à emporter dans son sac à dos afin de s'y référer régulièrement.

Puisse sa lecture vous apporter autant de plaisir que vous en aurez à parcourir notre région.

Claude GEWERC
Président du Conseil régional de Picardie

Découvrir
La Picardie

Quel que soit l'endroit où vous irez en Picardie, derrière chaque activité de loisir, chaque site culturel ou historique, chaque tradition gourmande, il y a en Picardie toujours quelqu'un prêt à vous initier ou vous aider à mieux comprendre, à partager sa passion.

« Je crois que la plus grande richesse est celle qu'on trouve dans l'échange avec les autres. J'aime accueillir, guider les gens qui viennent chez nous ; ils sont en général très curieux et je suis ravie de leur faire découvrir le pays, de leur indiquer les sentiers pédestres, les sites à ne pas manquer et de leur révéler les coins à champignons. Ils sont toujours satisfaits et en même temps très surpris par notre territoire, ses richesses, son patrimoine, ses paysages. Finalement, il me semble que notre région est un peu comme nous les Picards : il faut faire l'effort de la découvrir ; alors, on en est largement récompensé. Parce que chaque petite chose vaut le détour. »
Nathalie Colinet, gîte à la ferme dans le Noyonnais

(1) CHARS À VOILE - (2) FORÊT - (3) CRÈME CHANTILLY - (4) CANAL DE L'OURCQ
PHOTOS CRT /S.B. (1,2), CRT/J.-P.G. (3), CRT/D.G. (4)

CHAMPS DE COLZA / PHOTO CRT/A.-S.F.

« Avec Esprit de Picardie, on découvre des gens passionnés et précieux ; des gens « extra-ordinaires » qui donnent une part de rêve. C'est l'évasion pour tous à proximité... »

Marie-Christine Bretel – Internaute

Culture et Art de Vivre en Picardie / Novembre 2007 n°3

ESPRIT DE PICARDIE

Secrets de terroirs

Cocooning
Week-ends cosy au coin du feu

La Picardie durable
Quand les Picards s'engagent

Sorties en ville
Les bons plans des passionnés

Sports d'hiver en Picardie

Abonnez-vous gratuitement
au magazine imaginé par les Picards eux-mêmes
sur www.picardietourisme.com

ou par téléphone au 03 22 22 33 63

PICARDIE
COMITÉ RÉGIONAL
DU TOURISME

Le « **poumon vert** » du nord de la France

VENDANGE / PHOTO CRT/S.B.

Avec ses grands espaces et ses forêts immenses, la Picardie est sans conteste le poumon vert du nord de la France. De dunes en bocages, les citadins en mal d'oxygène ou bouillonnants d'énergie trouvent leur bonheur dans ses paysages changeants, les romantiques rêvent dans ses châteaux, berceaux de l'Histoire de France. La verte Thiérache, le parc ornithologique du Marquenterre ou les Hensons et les chars à voile de la baie de Somme comblent les amateurs de grands espaces et de nature préservée, tandis que les gourmets se ravissent les yeux à la vue d'une coupe de fruits rouges du Noyonnais à la crème Chantilly ou des 2 600 ha de vignoble de champagne picard. Ainsi, sur la Route touristique du Champagne dans l'Aisne, *« à l'automne, c'est la grande randonnée gourmande : caves de champagne, mais aussi pommes, châtaignes et raisins oubliés par les vendanges lorsque le sentier longe la vigne »*, s'amuse Paulette Beauvais, accompagnatrice près de Château-Thierry.

Avec 343 000 ha de forêts (Compiègne, Retz, Saint-Gobain, Halatte, Crécy, Ermenonville, Saint-Michel, Samoussy ou Vauclair), on trouve forcément le GR® ou le PR® qui mène à une borne royale, une croix mystérieuse, un menhir ou une pierre qui tourne…

En Picardie, la variété des paysages le dispute à celle des sentiers que les baliseurs picards entretiennent soigneusement : *« Pour que les randonneurs prennent plaisir à découvrir notre région »*, explique Michel Urly dans l'Oise.

Le **pays** des **jardins**

LES JARDINS DE VIELS-MAISONS / PHOTO CRT/J.-P.G.

Plus de 70 parcs et jardins sont ouverts au public : autant d'occasions d'échanger trucs et astuces avec les jardiniers picards passionnés ! Plus conviviaux encore, la fête des Roses de Gerberoy et les Journées de la Rose de Chaalis se tiennent chaque année tandis que la Rose de Picardie se cache dans les jardins de Valloires. Les jardins à la française du château de Vic-sur-Aisne ou du château de Chantilly, œuvre de Lenôtre, les parcs à l'anglaise du château de Saint-Rémy-en-l'Eau ou d'Ermenonville, offrent des lieux de quiétude et de poésie aux promeneurs. Les arbustes, rosiers, plantes grimpantes s'épanouissent au

Clos Joli, à Brécy ; au potager des Princes, à Chantilly, le jardinier Serge Sage transmet son amour pour tout ce qui pousse lors d'ateliers tandis que dès le 1er mai, Catherine Guèvenoux ouvre les 8 ha de son jardin à l'anglaise à Maizicourt, élu jardin de l'année 2006.

Une **histoire géologique** ancienne

La Picardie appartient au bassin de Paris, encadré par des massifs hercyniens. Des mers y ont déposé des sédiments variés pendant plus de 200 millions d'années. Il y a 25 millions d'années, la mer s'est définitivement retirée. Après l'érosion des derniers dépôts marins, le soulèvement de l'ensemble de 150 à 200 m a provoqué le dégagement des plates-formes structurales (Vexin, Soissonnais…) et des buttes-témoins (Laon…). Les variations du niveau des mers, dues aux glaciations, ont occasionné l'enfoncement des vallées. Les alternances d'épisodes froids et chauds ont façonné la surface des terrains et permis la dissymétrie des vallées et vallons asséchés. Une conséquence de la dénudation des terrains est les dépôts de limons (Santerre, Vermandois, Saint-Quentinois, Marlois, Soissonnais, Valois…) avec des loess plus anciens en Brie et en Thiérache. Enfin, depuis 10 000 ans, les grandes vallées (Somme, Aisne, Oise…) ont été partiellement remblayées en même temps que se développaient localement des formations tourbeuses. La plaine maritime a été colmatée par des dépôts marins (galets – Cayeux –, sables et argiles) et en bordure de la mer se sont formés des cordons sableux et des dunes (Fort Mahon).

BALADE CRÉPUSCULAIRE EN MARQUENTERRE / PHOTO CRT/J.-P.G.

Une **histoire humaine** mouvementée

De nombreux vestiges de la Préhistoire ont été mis au jour en Picardie, grâce au dynamisme de ses archéologues. Précurseur de l'archéologie aérienne, le picard Roger Agache en a décelé des centaines. Thiepval, Ribemont-sur-Ancre ou Vendeuil-Caply sont des sites incontournables. Tout comme le quartier de Saint-Acheul qui a donné son nom à l'Acheuléen (période du Paléolithique inférieur).
Dans l'Aisne, une soixantaine d'églises fortifiées de donjons et échauguettes témoignent d'un passé guerrier.

AMIENS, LA CATHÉDRALE EN COULEURS /
PHOTO CRT/C.S. (CRÉATION SKTERZO
POUR AMIENS MÉTROPOLE)

Théâtre de la Grande Guerre, la terre de Picardie garde de tristes vestiges. Sur le circuit du Souvenir, à Villers Bretonneux, Longueval, Rancourt, Thiepval…, des mémoriaux permettent aux nombreuses nations impliquées dans le conflit de se recueillir… À la caverne du Dragon, sur le Chemin des Dames, ou dans la clairière de Rethondes où l'Armistice fut signée, l'Histoire prend toute sa mesure et force le respect.

Un **patrimoine bâti** vivant

D ans les villes, le génie des bâtisseurs picards est partout : à Amiens, avec la plus vaste cathédrale gothique de France, classée par l'Unesco, à Beauvais, le chœur gothique le plus haut du monde, à Laon qui domine la plaine alentour du haut de la Montagne Couronnée, mais aussi à Soissons, Senlis, Noyon et à Saint-Quentin la singulière, qui mêle le gothique de sa basilique aux allures de cathédrale au gothique civil de l'hôtel de ville et aux façades « Art déco ». Les nombreuses abbayes (de Chaalis, Valloires, Ourscamp, Longpont, Morienval, Pontpoint…) témoignent de la spiritualité rayonnante de la Picardie. On ne pouvait imaginer autre écrin que Chantilly pour abriter le musée vivant du Cheval qui redonne une âme aux écuries du Grand Condé et assoit la renommée de la ville comme capitale mondiale du cheval. À Guise, labyrinthes, souterrains, tours invincibles parlent aux amateurs de romans de chevalerie ; pourtant, à l'instar de la Picardie toute entière, la ville-patrie de Camille Desmoulins et Jean-Baptiste Godin, révolutionnaires en leur temps, n'est pas seulement tournée vers son passé ; elle se veut, bien au contraire, résolument moderne.

Le pays des **plaisirs** simples et vrais

« L a spécificité picarde réside dans la manière de cuisiner : de la simplicité et de la générosité. Elle ressemble à ses habitants, par sa discrétion, par une certaine modestie. »
Murielle Duquesne Charpentier, Miellerie de la Divette

MURIELLE DUQUESNE CHARPENTIER / PHOTO CRT/S.B.

**Dans l'Aisne,
la randonnée est aussi sur internet**

www.rando-aisne.fr

En 3 clics :

- 200 fiches circuits pédestres et VTT
- Une veille sentiers
- Vos témoignages
- Les week-ends clés en main
- Les sorties rando
- Les associations de randonneurs
- Les hébergements et sites remarquables…

Un territoire à parcourir

VISITES VIRTUELLES, MONUMENTS, ACTIVITÉS, HÉBERGEMENTS…
RETROUVEZ TOUTE L'AISNE TOURISTIQUE SUR LE

www.evasion-aisne.com

**Comité Départemental
du Tourisme de l'Aisne**
26 avenue Charles de Gaulle
02007 Laon - France
Tél.: +33 (0)3 23 27 76 76
Fax : +33 (0)3 23 27 76 89
Email : contact@cdt-aisne.com

Découvrir
L'Aisne

HÊTRE / DESSIN P.V.

Entre l'Île-de-France et la Belgique, entre le plateau picard et les grandes plaines champenoises, l'Aisne est un interstice verdoyant où coulent de très nombreuses rivières. Ainsi les paysages, de vallées en collines, s'y succèdent sans jamais se ressembler. Cette diversité fait du département un territoire champêtre propice à la pratique des loisirs de pleine nature.

Les villes de l'Aisne sont restées à taille humaine. Elles sont, avec une multitude de trésors architecturaux parsemés dans la campagne, des livres ouverts sur une histoire très riche. Cœur du premier royaume de France, l'Aisne est sillonnée par les chemins de la mémoire. Elle est le quatrième département français par le nombre de monuments classés.

L'Aisne se compose de cinq régions naturelles : la Thiérache, le Saint-Quentinois, le Laonnois, le Soissonnais-Valois et la Vallée de la Marne. Ces terroirs sont des creusets propices à la découverte de pratiques artisanales originales, à la dégustation de spécialités allant du champagne au cidre, du haricot au maroilles. Ils offrent des cadres intimistes et chaleureux grâce à la simplicité et la convivialité des habitants.

L'Aisne a bercé, charmé et inspiré beaucoup de peintres et d'écrivains. Par les sentiers ou sur les eaux lisses des canaux, de musées en jardins et demeures villageoises, elle est un écrin pour la découverte de leurs œuvres. Celles-ci, à l'inverse, sont des passeurs vers l'esprit des lieux.

(1) Paysage – (2) Eglise fortifiée – (3) Forêt – (4) Cathédrale de Laon
PHOTOS J.-L.S. (1), P.B. (2, 3, 4)

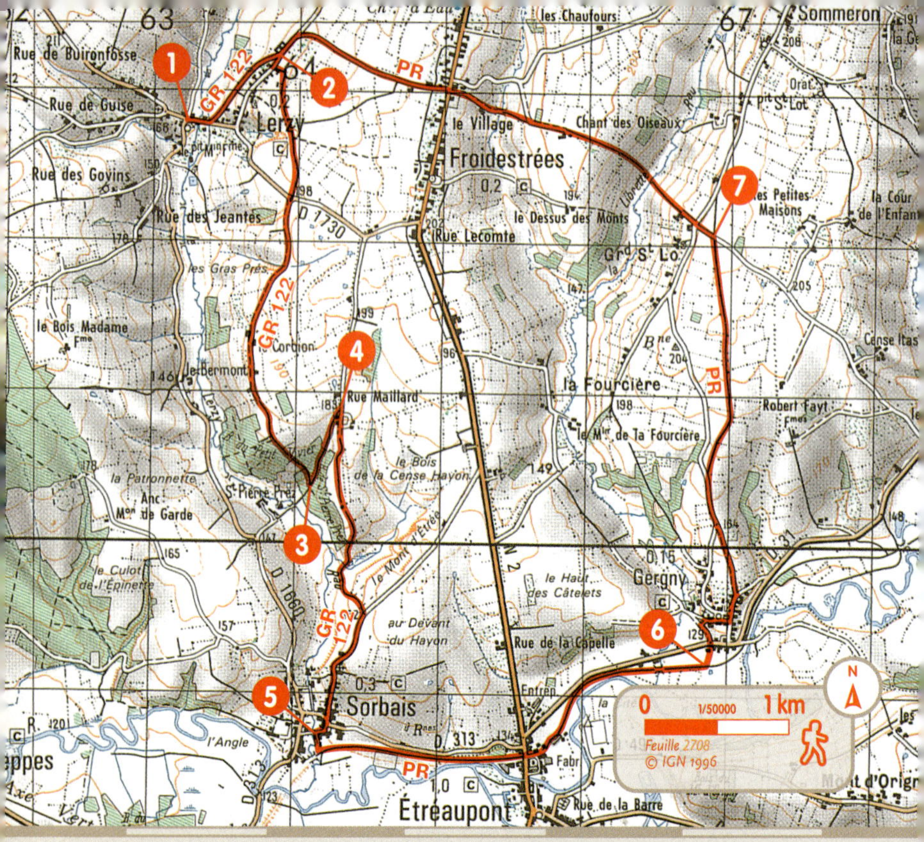

LE MAROILLES, EMBLÈME DE LA GRANDE THIÉRACHE

PHOTO X.G., T.B./THIÉRACHE DÉVELOPPEMENT

Le maroilles ou marolle, né dans l'ancienne abbaye de Maroilles (Nord) au VIIe siècle, bénéficie de l'Appellation d'Origine Contrôlée (AOC) depuis 1955. C'est un fromage de lait de vache, à pâte molle et à croûte lavée, affiné en caves durant deux à trois mois. Il se présente le plus souvent sous forme d'un pavé de 720 g. On trouve aussi le sorbais (540 g), le mignon (360 g) et le quart (180 g). C'est « le plus fin des fromages forts », fabriqué par onze producteurs fermiers, six affineurs et trois industriels. Le tonnage produit en 2004 est de 2 538 tonnes, dont 216 de maroilles « fermiers ». Quelques lieux de fabrication dans l'Aisne : Dorengt, le Nouvion, Mondrepuis, Sommeron…

Le **bocage**

Parcourez les chemins creux et sentiers bordés de haies arbustives ou ployées. Ils traversent de luxuriantes prairies et desservent des villages typiques dominés par leur église fortifiée.

1 De l'église, prendre la direction de La Capelle, puis la route à gauche (GR® 122).

2 En haut de la côte, emprunter la route à droite sur 50 m, puis s'engager sur le chemin à gauche. Couper la D 1730 et continuer en face *(vue sur le bocage)*. Passer Le Corbion et descendre à travers bois.

FRUITS ET FLEURS DE POMMIER / DESSIN N.L.G.

3 Monter par le chemin à gauche, en sous-bois, et gagner la ferme de la Rue-Maillard.

4 Prendre le chemin à droite. Après 200 m, il devient un sentier en lisière de bois. Franchir le ruisseau et remonter en face. Descendre par la route à droite dans Sorbais. Au monument aux morts, continuer vers la mairie et passer l'église. La rue vire à droite.

5 Avant le pont, s'engager à gauche dans la ruelle de l'ancienne école (fléchage « axe vert ») et emprunter l'axe vert à gauche sur 1,5 km. Traverser la N 2 à Etréaupont et poursuivre sur l'axe vert.

6 A l'entrée de Gergny, prendre le chemin à gauche, traverser la D 31 et tourner deux fois à droite. Après l'église, suivre la rue principale du village à gauche sur 200 m, puis s'engager sur le chemin à gauche. Continuer par la route, puis bifurquer sur le chemin à droite, en direction du Grand-Saint-Lot.

7 Emprunter la route à gauche, passer le carrefour et franchir la vallée de la Librette. Redescendre en face, passer le pont et remonter à Froidestrées. Traverser la N 2, poursuivre tout droit par la route et prendre la D 1030 à gauche jusqu'au croisement de l'aller.

2 Partir à droite pour rejoindre Lerzy.

PR® 1

DIFFICILE

4H45 • 17KM

S SITUATION
Lerzy, à 15 km au nord de Vervins par les N 2 et D 1730 (à Froidestrées)

P PARKING
place de l'Église

/ DÉNIVELÉE
altitude mini et maxi, dénivelée cumulée à la montée

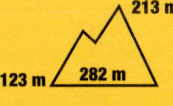
213 m
123 m   282 m

B BALISAGE
jaune-noir

! DIFFICULTÉS !
succession de montées et descentes

À DÉCOUVRIR...

> En chemin :
• Lerzy : église fortifiée XIIe-XVIIe-XVIIIe
• bocage thiérachien typique
• Sorbais : église fortifiée

> Dans la région :
• La Capelle : église XIXe par Garnier, villa Pasques, maison de la Thiérache
• La Flamengrie : église fortifiée reconstruite après la Première Guerre Mondiale
• abbaye et forêt de Saint-Michel

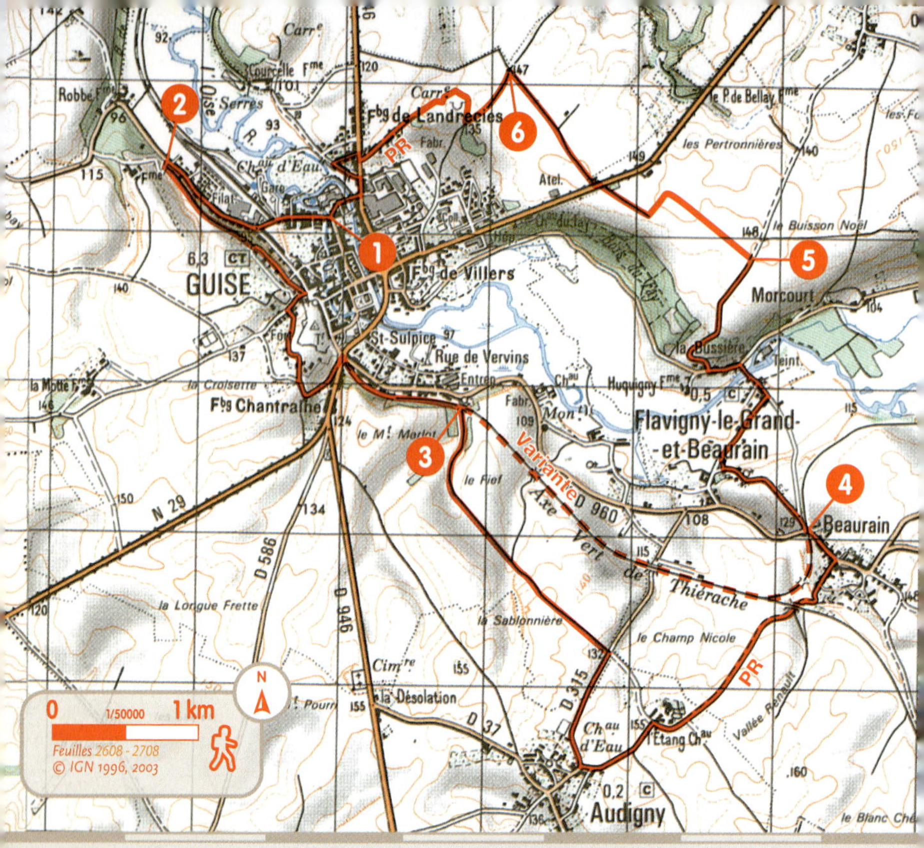

DONJON DE GUISE / PHOTO J.-L.S.

LES DUCS DE GUISE

Cette famille, branche cadette des ducs de Lorraine, acquit le comté de Guise en 1504, élevé en duché en 1528. Les trois ducs furent de grands seigneurs féodaux : Claude, stratège militaire sous François Ier ; François, chef des troupes catholiques pendant les guerres de Religion ; Henri, dit le Balafré, l'un des investigateurs de la Saint-Barthélémy (massacre des protestants en août 1572), chef de la Ligue (mouvement religieux et politique), assassiné à Blois sur l'ordre d'Henri III en 1588.

Le donjon haut de 32 m est la partie la plus emblématique du château fort (XIIe-XVIe siècle). Fortement endommagé par les bombardements français en 1917, ce monument revit depuis 1952 grâce aux chantiers du Club du Vieux Manoir.

La **ferme** de l'Étang

Cette longue randonnée permet de découvrir le patrimoine de la haute vallée de l'Oise parcourue par l'Axe Vert : l'utopique Familistère Godin, le château-fort de Guise, l'élégante ferme de l'Etang et l'église fortifiée du village fleuri de Beaurain.

1 De la statue de Godin, franchir le pont à droite, poursuivre par la rue A.-Godin et continuer à droite le long de l'usine sur 1 km.

2 Gravir le sentier à gauche *(vue sur la vallée de l'Oise et le Familistère)*, descendre par la rue des Tilleuls et, face au château-fort, monter par la rue à droite. S'engager à gauche sur le chemin de ronde, contourner le château, puis redescendre à gauche. Traverser la N 29 *(prudence)* et emprunter l'Axe Vert sur 1 km.

> Variante par l'Axe Vert *(circuit de 15 km, 4 h)* : continuer sur l'Axe Vert.

3 Avant le pont, dévaler le sentier à droite et continuer par le chemin à droite (sud). Il vire à gauche *(vue sur Beaurain et Guise)*. Prendre la D 375 à droite et, dans le virage à l'entrée d'Audigny, emprunter la route à gauche. Après le château d'eau, longer à droite le château de l'Etang. Poursuivre par le chemin, passer sous l'ancienne voie ferrée et gagner Beaurain. Utiliser la D 960 à gauche et rejoindre l'Axe Vert.

4 Après l'Axe Vert, prendre la route à droite puis la route à gauche et passer l'église. Bifurquer à droite et continuer par la route à droite. Traverser Flavigny à gauche et franchir l'Oise. Emprunter la D 462 à gauche, puis monter par la route à droite.

5 S'engager sur le chemin à gauche. Il vire à gauche puis à droite. Traverser la N 29 *(prudence)* et poursuivre par le chemin en face *(vue sur le château-fort)*.

6 À la croisée, prendre le sentier à gauche, puis tourner à droite pour contourner les carrières et descendre vers Guise. Suivre la D 948 à droite, la rue à gauche, puis la rue des Courcelles à gauche. Emprunter à nouveau la D 948 à droite, puis franchir le bras de l'Oise à droite pour retrouver le point de départ.

HAIE BOCAGÈRE / PHOTO J.-L.S.

Informations pratiques

S SITUATION
Guise, à 27 km à l'est de Saint-Quentin par la N 29

P PARKING
Familistère

/ DÉNIVELÉE
altitude mini et maxi, dénivelée cumulée à la montée

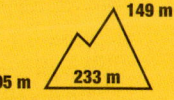

149 m

95 m   233 m

B BALISAGE
jaune-violet

À DÉCOUVRIR...

> En chemin :
• Guise : Familistère Godin, château-fort, église XVe-XVIe
• panorama sur la vallée de l'Oise
• ferme de l'Etang (ancien château avec porte d'entrée fortifiée)
• Beaurain : village fleuri et église fortifiée

> Dans la région :
• Flavigny-le-Grand : moulin fortifié de la Buissière en brique
• Macquigny : église fortifiée XVIe
• Monceau-sur-Oise : église fortifiée XVIe
• vallée de l'Oise

MILIEU NATUREL
LA HAIE EN THIÉRACHE BOCAGÈRE

La Thiérache ne fut pas toujours un pays d'élevage laitier. Ce n'est qu'à partir des années 1850, avec l'effondrement des prix du blé, que se développe la mise en herbage, rendue possible par des sols et un climat favorables à cette pratique. La zone bocagère progresse rapidement du nord du département vers le sud de Vervins, pour aujourd'hui régresser en sens inverse pour des raisons économiques.

Les haies et le bocage constituent des milieux propices pour la faune et la flore, et participent à la qualité de l'eau et à la protection des sols. La haie représente un patrimoine naturel très variable selon la région : sa composition résulte de son histoire et des usages locaux. Les principales essences sont l'aubépine, le prunellier, l'églantier, le charme, le frêne, le noisetier, voire le saule en zone humide.

La haie haute arborée avec le charme – élagué périodiquement comme bois de chauffage et taillé en têtard – est de plus en plus remplacée par la haie basse buissonnante. Cette dernière est composée d'espèces épineuses (aubépine, prunellier, ronce…) résistantes à des tailles mécanisées sévères et aux animaux. Son rôle est d'enclore les prairies, son intérêt est de permettre une mécanisation et une régularité de la taille.

TRADITIONS ET SAVOIR-FAIRE
« RESPECTER LA VOCATION D'UN PAYS DE BOCAGE »

AGNÈS TURCK / PHOTO CRT

« Nous avons planté deux hectares de pommiers basses-tiges. En octobre, c'est la récolte, et en novembre le pressage. Les pommes les plus acidulées sont réservées pour le jus de pomme afin d'obtenir un produit final équilibré. Les pommes servant à la fabrication du cidre doivent également avoir une certaine amertume. Les fruits sont lavés et triés soigneusement avant de passer dans un pressoir hydraulique. Ce que l'on transforme, on doit pouvoir le manger cru. Nous travaillons selon les mêmes principes que les Anciens. Le jus est ensuite placé dans des cuves, pour la fermentation. C'est un suivi permanent, jusqu'à la mise en bouteilles. Les pommiers au printemps sont magnifiques, nous en avons douze variétés différentes et nous avons le sentiment de participer un peu à la construction de notre paysage. »

Agnès Turck, le Clos de la Fontaine Hugo aux Froidmonts à Parfondeval

ÉGLISE FORTIFIÉE DE THIÉRACHE (CUIRY LES IVIERS) /
PHOTO P.B.

PATRIMOINE BÂTI

LE PAYS DES ÉGLISES FORTIFIÉES

La Thiérache, région frontalière, lieu de passage et d'invasions, comprend une soixantaine d'églises à l'architecture unique qui ont protégé des générations de villageois aux XVIᵉ et XVIIᵉ siècles. Elles se localisent essentiellement dans les vallées de l'Oise, de la Brune et de la Serre. L'église, flanquée de tours avec échauguette et mâchicoulis et d'un donjon, généralement en briques, faisait office de château fort où les villageois se réfugiaient et se défendaient contre les pillards. Elles ont toutes un air de parenté et pourtant elles sont toutes différentes : Beaurain, Bosmont, Burelles, Englancourt, Gronard, Hary, Prisces…

PATRIMOINE BÂTI

SAINT-QUENTIN

Bâtie en bordure d'un plateau crayeux, dominée par la puissante silhouette de sa basilique gothique, Saint-Quentin émerge de la campagne du Vermandois. Presque entièrement rebâtie sur son ancien plan après les ravages de la Première Guerre mondiale, la ville a conservé des monuments comme l'hôtel de ville à la façade gothique flamboyante et la prestigieuse collection de pastels de l'enfant du pays, Maurice Quentin de la Tour, peintre de Louis XV. La reconstruction après 1918 d'une ville détruite à 80 % explique la présence de nombreux immeubles « Art déco ». Les extensions modernes sur la rive gauche de la Somme ont annexé le faubourg d'Isle mais aussi intégré dans l'espace urbain les marais : ce site est devenu une réserve naturelle au cœur de la ville.

HÔTEL DE VILLE / PHOTO P.B.

Découverte de Saint-Quentin

PR® 3

TRÈS FACILE

1H40 • 5KM

Outre l'hôtel de ville et la basilique, gothiques, la « plus méridionale des villes du Nord », détruite à 80% par la Grande Guerre, surprend par son architecture « Art déco » et ses béguinages.

Face à **l'hôtel de ville** ❶, aller à gauche, prendre la rue Émile-Zola *(hors circuit à droite, palais Fervaques, façade Art déco)*, la rue de la Comédie à gauche et la rue des Canonniers à droite jusqu'à la porte des Canonniers. Revenir sur ses pas, suivre la rue de l'Arquebuse à droite, la rue Saint-Thomas à gauche, la rue Voltaire à gauche et traverser la place des Campions à droite *(bains-douches Art déco)*. Continuer à droite et tourner à gauche rue Anatole-France. Elle débouche dans la rue d'Isle *(immeubles Art déco)*.

Descendre la rue à droite jusqu'à la caisse de retraite *(hôtel XVIIe)*, puis traverser pour remonter l'autre trottoir et passer **l'école de musique** *(Art déco)* ❷. Prendre la rue d'Issenghein à droite *(à 10 m, béguinage Sainte-Anne)*, la rue Michelet à gauche et la rue de la Sous-Préfecture à droite *(maison Art déco)*. Continuer rue des Suzannes. Après le **jardin des Champs-Elysées** ❸, emprunter le boulevard Gambetta à gauche, la rue Fontaine-Coupé à droite *(façades)* et la rue Quentin-Barré à gauche *(béguinages)*.

Prendre la rue de Mulhouse à gauche, traverser la place de Mulhouse et suivre la rue de Bellevue à droite. Après le béguinage, emprunter la rue Pierre-Ramus à gauche, la rue Sainte-Julie à gauche, la rue de Mulhouse à droite et la rue Richard-Lenoir à gauche. Parcourir le boulevard Gambetta à droite *(vue sur la basilique)*, traverser le boulevard Roosevelt pour voir le **béguinage Leblanc**. Aller à gauche, traverser à nouveau le boulevard et poursuivre sur 50 m.

Entrer dans le jardin botanique. Au **kiosque à musique** ❹, virer à droite, traverser la rue de Baudreuil et continuer rue du Moulin. A l'entrée du béguinage, prendre la rue d'Alsace à gauche et parcourir le square Winston-Churchill *(puits de 1719)*. Longer la **basilique** ❺ à droite, traverser le parvis *(façades Art Déco)* et poursuivre en face jusqu'à l'**hôtel de ville**.

GRIVE MUSICIENNE / DESSIN F.E.

S SITUATION
Saint-Quentin, à 65 km à l'est d'Amiens par l'A 29

P PARKING
hôtel de ville (souterrain et payant)

/ DÉNIVELÉE
altitude mini et maxi, dénivelée cumulée à la montée

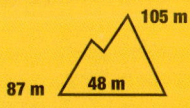

105 m

87 m — 48 m

B BALISAGE
non balisé

À DÉCOUVRIR...

> En chemin :
• hôtel de ville gothique flamboyant
• hôtel et porte des Cannoniers
• façades Art Déco
• béguinages
• jardin public des Champs-Élysées
• basilique gothique à deux transepts et à labyrinthe dédié à saint Quentin

> Dans la région :
• Saint-Quentin : musée Antoine Lécuyer (pastels de Maurice Quentin de La Tour), musée d'entomologie (500 000 papillons), train touristique du Vermandois, parc et marais d'Isle
• Essigny-le-Grand : Mémorial de 1914

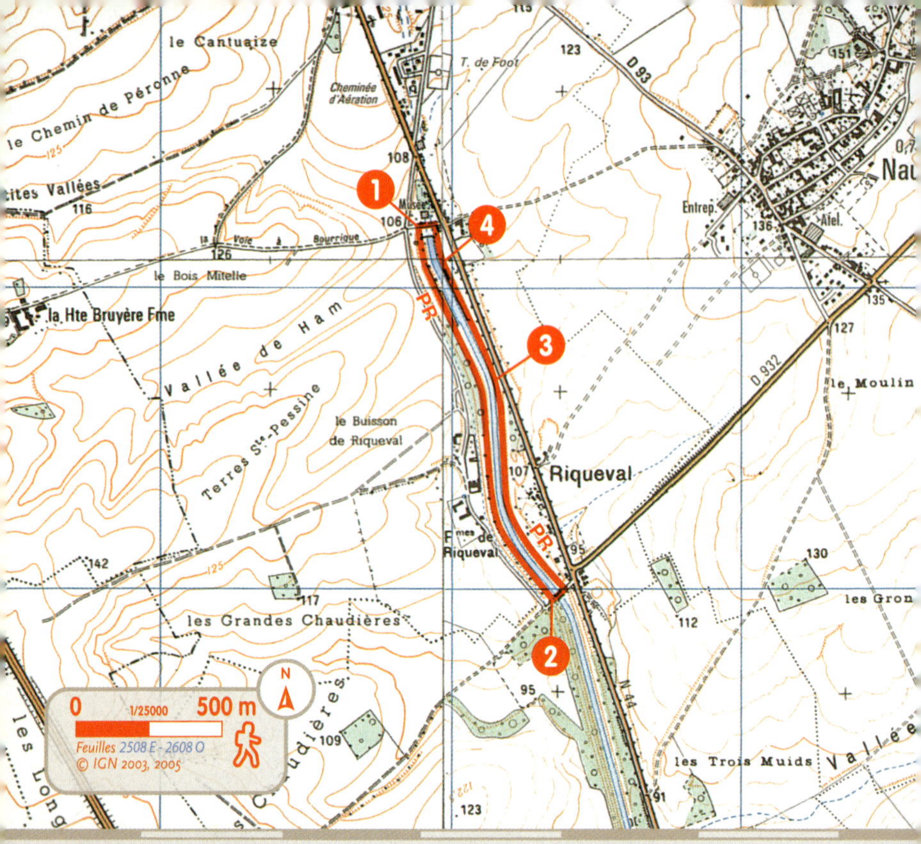

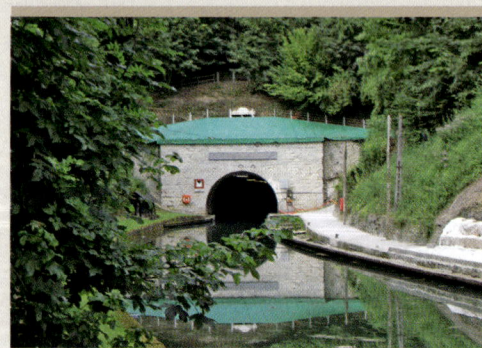

Le touage de Riqueval

TOUAGE DE RIQUEVAL / PHOTO P.B.

Touer est un mot peu employé. Il signifie haler à l'aide d'un remorqueur. Le remorqueur ou *toueur* est utilisé dans le souterrain de Riqueval pour tirer des trains de péniches ou de bateaux de plaisance sur le canal de Saint-Quentin. Il leur permet de franchir la ligne de partage des eaux entre le bassin de la Somme et celui de l'Escaut. Pour cela, il utilise une chaîne immergée au fond de l'eau sur 8 km et fonctionne à l'énergie électrique. Avant sa mise en place en 1910, les péniches étaient halées par des chevaux et même des hommes. On peut voir l'arrivée du toueur à 14 heures. Riqueval est le seul site de touage en activité en France. Un musée a été installé au-dessus du souterrain, à la maison de Pays du Vermandois.

Le **souterrain** de **Riqueval**

PR® 4

TRÈS FACILE

1H • 3KM

Cette courte balade permet d'apprécier le travail de creusement du souterrain, commencé en 1802, achevé et inauguré par Napoléon Ier en 1810. Cet ouvrage long de 5 670 m permet de relier les eaux de l'Escaut, grand fleuve européen, à celles de la Somme, fleuve picard.

① Du parking, rejoindre le carrefour de chemins et monter par l'allée herbeuse à gauche. Continuer à droite par le chemin qui reste au niveau du haut de la tranchée du canal et passer sous le couvert forestier (*érable sycomore, frêne...*).

LAPIN DE GARENNE / DESSIN F.E.

② Prendre le chemin perpendiculaire à gauche, franchir le pont de Riqueval qui enjambe le canal et tourner à gauche.

③ Poursuivre par le chemin transversal à gauche et descendre le long du canal. Suivre le canal et passer devant les bâtiments.

④ Gravir à droite le sentier qui se hisse au-dessus du tunnel. En haut, prendre l'allée à gauche et revenir au point de départ.

HÉRON CENDRÉ / DESSIN F.E.

S **SITUATION**
maison du Vermandois (commune de Bellicourt), à 12 km au nord de Saint-Quentin par la N 44 (direction Cambrai)

P **PARKING**
derrière la maison du Vermandois

/ **DÉNIVELÉE**
altitude mini et maxi, dénivelée cumulée à la montée

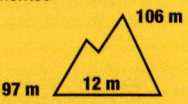
106 m
97 m
12 m

B **BALISAGE**
pancartes

À DÉCOUVRIR...

> **En chemin :**
• maison du Vermandois
• musée du Touage
• canal de Saint-Quentin
• pont de Riqueval
• rampe impériale

> **Dans la région :**
• Saint-Quentin : ville d'Art et d'Histoire, marais et parc d'Isle (maison de la Nature), train touristique du Vermandois
• Vermand : oppidum celtique, cité gallo-romaine, musée
• Fresnoy-le-Grand : la Filandière, musée du Textile
• sources de l'Escaut

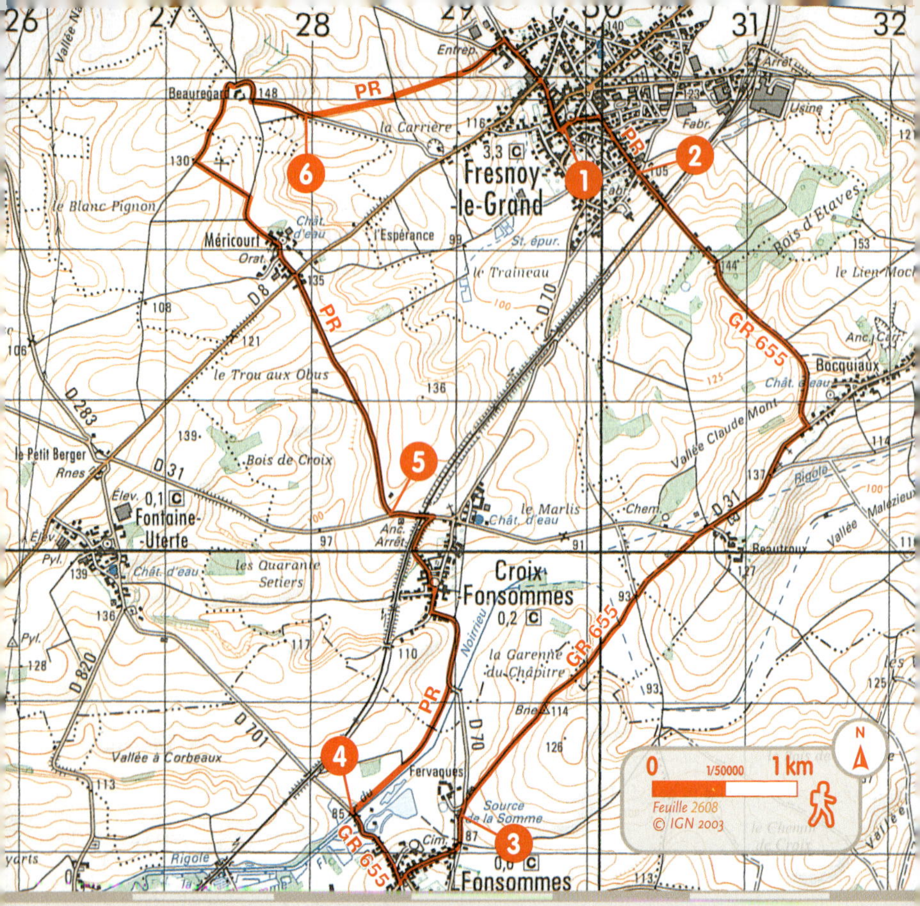

GÉOGRAPHIE
LA SOMME : UN FLEUVE CÔTIER PAISIBLE

La Somme, du latin *samara*, la « tranquille », est un fleuve côtier qui prend sa source à Fonsommes, à 80 m d'altitude dans la craie, et se jette dans la Manche entre Saint-Valery et Le Crotoy (baie de Somme). Son lit est entièrement creusé dans des terrains crayeux. Sa longueur est de 245 km, son bassin-versant de 5 530 km², son débit moyen de 35 m³/s. Ce fleuve arrose Saint-Quentin, Péronne, Amiens et Abbeville. Ses principaux affluents sont en rive droite : Omignon, Cologne, Ancre, et en rive gauche : Avre. Sa richesse vient de son réseau d'étangs, anciennes extractions de tourbe, de ses marais et de ses tourbières, avec notamment le marais d'Isle à Saint-Quentin, les anguillères de Bray, les hortillonnages d'Amiens, la réserve naturelle de la baie de Somme.

LES SOURCES DE LA SOMME / PHOTO P.B.

Les **sources** de la **Somme**

PR® 5
DIFFICILE
4H15 • 16,5KM

De Fresnoy-le-Grand, ancien village de tisserands, aux sources de la Somme, au pied de l'ancienne abbaye de Fervaques, cette randonnée de la journée emprunte chemins et petites routes de la campagne saint-quantinoise.

1 De la place Charles-De-Gaulle, prendre la rue des Patriotes, la rue Albert-Meunier à droite et poursuivre par la rue Joliot-Curie.

2 Continuer tout droit, passer sous la voie ferrée, puis monter par le chemin de terre en face vers Bocquiaux. Emprunter la D 31 à droite et laisser à gauche la route de Beautroux. Dans le virage, poursuivre tout droit par le chemin vers Fonsommes *(vue sur la vallée)* et arriver à la hauteur de la ferme de Fervaques. Prendre la D 70 à gauche sur 100 m.

> La source de la Somme se trouve à droite, après le parking.

3 Poursuivre par la D 70, puis entrer dans Fonsommes à droite. Emprunter la D 701 à droite et franchir les bras de la Somme naissante.

4 Prendre le chemin à droite. Il longe la rigole du Noirieux. Continuer par la D 70 à gauche et entrer dans Croix-Fonsommes. Tourner à droite et, à l'église, descendre par la route de gauche. Elle suit la voie ferrée. Emprunter la D 31 à gauche et franchir le passage à niveau.

5 Obliquer sur la route à droite. Elle mène à Méricourt. Passer le carrefour de la D 8 puis, dans le hameau, rester à droite. Suivre le chemin à droite sur 150 m, puis le chemin à gauche et continuer à droite. Emprunter la petite route qui contourne la ferme de Beauregard par le nord puis qui vire à gauche.

6 S'engager sur le chemin à gauche et, à l'entrée de Fresnoy, poursuivre par la D 705. Prendre la rue J.-B.-Charlet à droite, passer les ateliers de la Filandière et continuer tout droit par la rue Gambetta puis par la rue du Général-Leclerc pour retrouver la place Charles-De-Gaulle.

SARCELLE D'HIVER / DESSIN F.E.

S SITUATION
Fresnoy-le-Grand,
à 15 km au nord-est
de Saint-Quentin par
la D 8 (direction Bohain)

P PARKING
place Charles-De-Gaulle

/ DÉNIVELÉE
altitude mini et maxi,
dénivelée cumulée à la
montée

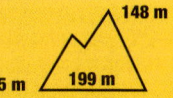

148 m
85 m
199 m

B BALISAGE
jaune-marron

À DÉCOUVRIR...

> En chemin :
• ancienne abbaye de Fervaques
• sources de la Somme
• villages typiques du Vermandois (Fonsommes, Croix-Fonsommes)
• rigole du Noirieu
• Fresnoy-le-Grand : la Filandière, musée du Textile

> Dans la région :
• Saint-Quentin : ville d'Art et d'Histoire, marais et parc d'Isle (maison de la Nature), train touristique du Vermandois
• villages typiques du Vermandois (Fieulaine, Montigny-en-Arrouaise...)
• Sissy : église (Mise au Tombeau)
• Guise : château-fort et familistère Godin

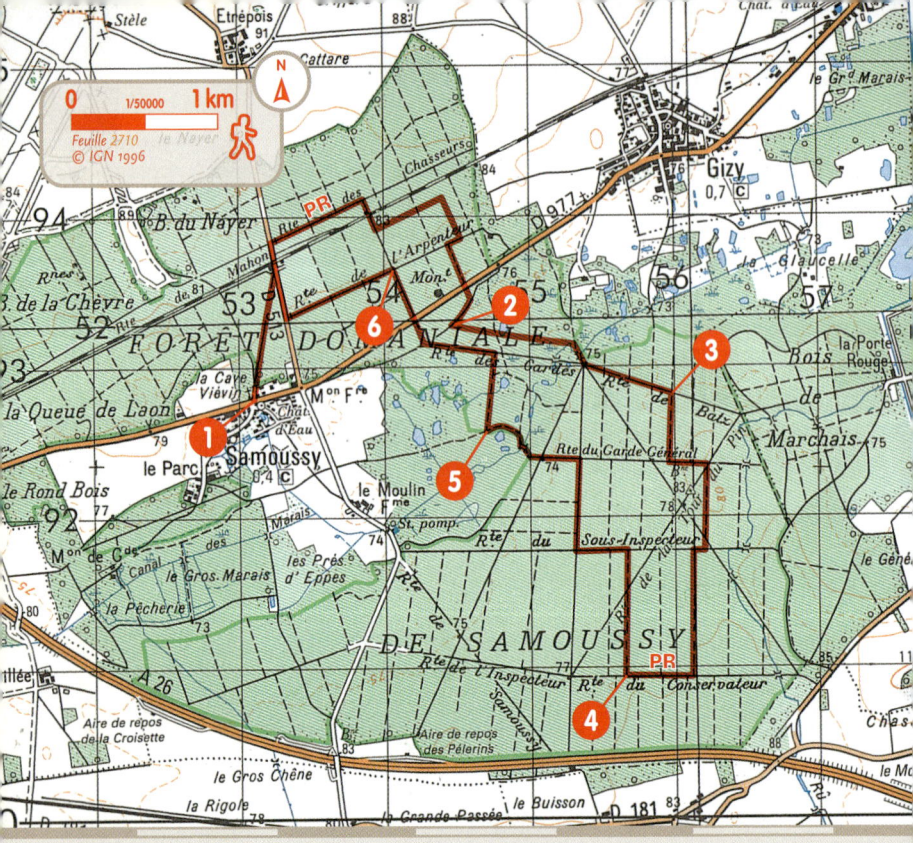

UN PEU D'HISTOIRE

LES CAROLINGIENS À LAON

Pépin le Bref, fils de Charles Martel, se fit élire roi des Francs en 751, mettant fin à la dynastie mérovingienne. Il épousa la fille du comte de Laon, Berthe au Grand Pied, née à Samoussy, qui lui donna deux fils : Carloman et Charlemagne. Une nouvelle dynastie était née. En 768 ont lieu les couronnements de Carloman à Soissons, et de Charlemagne à Noyon. Après la dispa-

FORÊT DE FEUILLUS / PHOTO P.B.

rition de son frère, Charlemagne règne seul et transforme le royaume des Francs en un immense empire. Il transporte son palais à Aix-la-Chapelle mais reste attaché à Laon. L'empire se disloque lors du traité de Verdun en 843. Laon devient alors capitale-refuge pour Charles III le Simple, vaincu à Soissons et détrôné en 925, et les derniers rois Carolingiens.

Les **fosses**

Ce circuit séduira les amoureux de la forêt. Naguère, nos rois mérovingiens et carolingiens devaient y chasser ; ils possédaient un palais à Samoussy où Berthe au Grand Pied, mère de Charlemagne, vit le jour.

SANGLIER / DESSIN P.V.

1 Se diriger vers la voie ferrée, puis au panneau de présentation de l'ONF, suivre à droite la route des Chasseurs sur 600 m. Prendre la route du Brigadier à droite, franchir la voie ferrée *(prudence)*, puis virer à gauche et la longer sur 500 m. Emprunter la laie à droite, la route de l'Arpenteur à droite, puis le chemin à gauche entre les parcelles n° 35 et 36. Traverser la D 977 *(prudence)*, puis utiliser l'allée transversale à droite sur 250 m.

2 S'engager à gauche, longer une cuvette marécageuse par la droite, franchir le fossé et emprunter à droite la large allée transversale. Au carrefour, prendre la deuxième allée à gauche (parcelle n° 46) sur 600 m.

3 200 m avant la clairière, s'engager dans la laie à droite. Prendre la large allée à gauche et, au carrefour, se diriger à droite sur quelques mètres avant de virer à gauche entre les parcelles n° 59 et 60. Couper l'allée transversale et, 50 m après, tourner à droite, puis à gauche. Emprunter la route du Conservateur à droite.

4 Partir à droite entre les parcelles n° 78 et 80. Prendre la route du Sous-Inspecteur à gauche, puis longer à droite la parcelle n° 55 sur 600 m. Emprunter la route du Garde-Général à gauche (parcelle n° 45), passer le carrefour, puis virer à droite et traverser une zone de pins sylvestres et de bouleaux.

5 Dans le virage à gauche, emprunter à droite la laie qui rejoint une large allée perpendiculaire. La suivre à gauche. Au carrefour, prendre le chemin en face, légèrement à droite. Couper la D 977 *(prudence)* et continuer en face.

6 Au carrefour, emprunter la route de l'Arpenteur à gauche, la D 513 à droite. Tourner à gauche avant la voie ferrée et regagner le point de départ.

PR® 6

MOYEN

3H30 • 14KM

S SITUATION
Samoussy, à 10 km à l'est de Laon par les N 2 et D 977 (direction Montcornet)

P PARKING
mairie de Samoussy

/ DÉNIVELÉE
altitude mini et maxi, dénivelée cumulée à la montée

84 m
73 m | 30 m

B BALISAGE
disque bleu

! DIFFICULTÉS !
• zone humide entre **2** et **3** puis **5** et **6** • traversée de la voie ferrée entre **1** et **2** • traversée de la D 977 entre **1** et **2** puis **5** et **6**

À DÉCOUVRIR...

> **En chemin :**
• forêt domaniale plane installée sur la craie et surmontée par un épandage sableux
• feuillus, résineux
• landes sèches à callunes • zones marécageuses • près de **6**, amoncellement de bombes en béton avec ailettes de 1943-1944

> **Dans la région :**
• Liesse : basilique XIIIe-XVe et pèlerinage à la Vierge Noire • Pierrepont, Vesles-et-Caumont : anciennes tourbières, faune et flore des marais
• Marle : musée des Temps Barbares, église Notre-Dame XIIe, vestiges du château fort et de l'enceinte urbaine, forêt
• oppidum du Vieux-Laon (camp romain)

MILIEU NATUREL

LA DIVERSITÉ PAYSAGÈRE DU LAONNOIS

« La connaissance des sols et des sous-sols aide à comprendre la diversité paysagère. Autour de la butte de Laon, les terrains des vallées de l'Ardon, de la Souche ou de l'Ailette, confèrent à ces vallées humides et marécageuses une variété floristi-

que importante. Sur des terrains humides, le promeneur trouvera le grand carex, la menthe ou le drosera tandis que sur des terrains plus secs et calcaires, ce ne sera que pelouse, orchidées ou fusain. Dans les milieux plus acides, là où le sol est plus pauvre, la callune est reine. Ainsi, au rythme des balades, le randonneur traverse des landes à bruyères ou tombe, quelques centaines de mètres plus loin, sur des pelouses calcicoles. »
Jean-Louis Solau, géologue-pédologue, animateur de randonnées à Laon

JEAN-LOUIS SOLAU / PHOTO CRT/S.B.

UN PEU D'HISTOIRE

DES VESTIGES GALLO-ROMAINS À NIZY-LE-COMTE

Après sa conquête par Jules César à partir de 52 av. J.-C., la Gaule est divisée en 4 provinces. La région de Nizy-le-Comte (*Ninitacci*) appartenait à la *Belgica* (Belgique). La *via* reliant *Durocortorum* (Reims) à *Bagacem* (Bavay) en passant par *Verbinum* (Vervins) traversait longitudinalement la commune, mais contournait le bourg actuel par l'est. Une imposante borne milliaire en calcaire en est le témoin près de l'ancien presbytère. L'habitat rural antique est marqué par la présence de domaines agricoles isolés : les *villae*. Des substructions d'une villa (avec la découverte de fragments de mosaïque) construite en pierres de craie extraites du sous-sol local existent sur le plateau limoneux, terre à blé

pour l'époque, au nord de l'actuel village (Clair-Puits).
Des vestiges d'une grande construction avec d'imposantes peintures murales faisant penser à un lieu de rassemblement de population ont été répertoriés à la Justice au sud du village. Les fondations des bâtiments antiques ont servi de pierres de construction (carrière Marie Baudesson).
Des monnaies à l'effigie d'empereurs de la Rome antique, trouvées sur le territoire communal, attestent de la présence romaine encore à la fin du IIe et au IIIe siècle.

MONNAIES ROMAINES / PHOTO J.-L.S.

CATHÉDRALE DE LAON / PHOTO CRT/C.J.

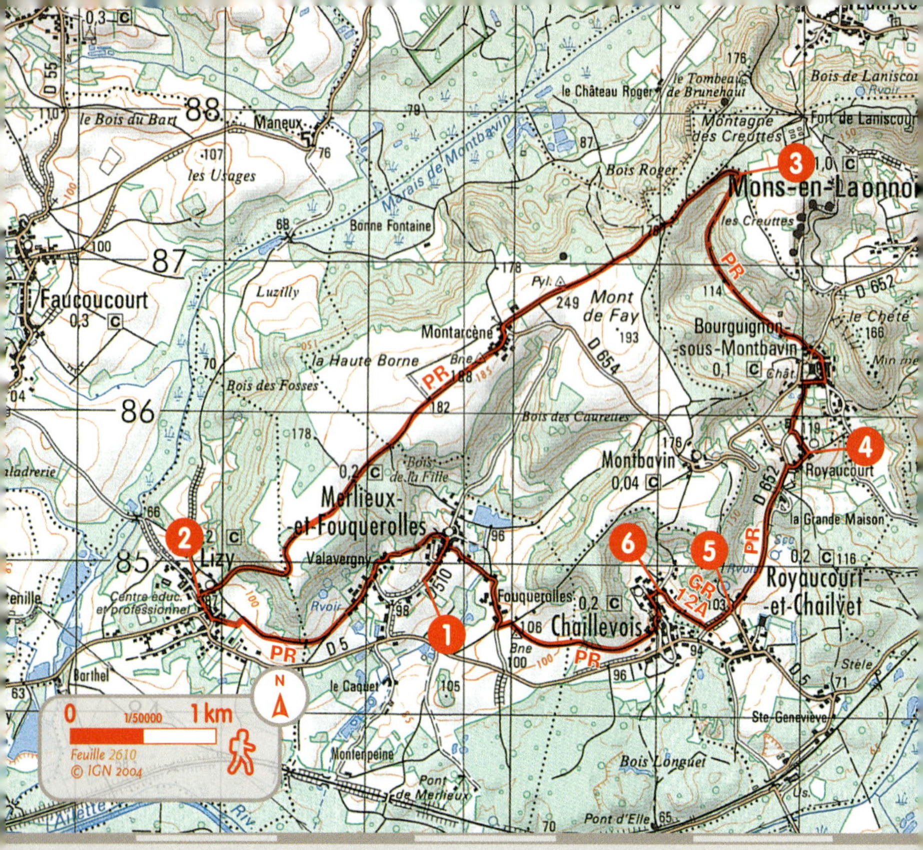

ARTS ET LETTRES

LES FRÈRES LE NAIN

Antoine, Louis et Mathieu Le Nain sont nés à Laon d'une famille originaire de Bourguignon-sous-Montbavin et vécurent principalement à Paris. Ils avaient coutumes de signer seulement de leur nom, c'est pourquoi on parle des frères Le Nain. Peintres réputés à la cour, ils ont réalisé des œuvres d'inspiration religieuse dont une Nativité de la Vierge, des portraits collectifs comme La Tabagie en 1643 ou des scènes paysannes, plutôt attribuées à Louis. La Forge, La Charrette en 1641 ou La Famille de paysans dans un intérieur sont les plus connues. Nul doute que leur enfance, passée dans le village où

PLACE DES FRÈRES LE NAIN / PHOTO J.-L.S.

leur père possédait un vendangeoir, leur a inspiré ces tableaux intimistes qui reflètent la réalité rurale du pays laonnois au début du XVIIᵉ.

Les **arts** et les **lettres**

Cette balade bucolique résume la diversité du patrimoine laonnois : vendangeoirs, maison natale des frères Le Nain, château de Chailvet, église monumentale de Royaucourt, lavoirs...

1 Du parking, revenir dans la rue principale et la prendre à droite. Face au n° 34, monter à gauche par le chemin goudronné. Tourner à gauche, longer le pré et trouver le sentier en contre-haut de la haie. Dévaler la pente à gauche et gagner Valavergny. Suivre la rue de Lizy, bifurquer à droite *(vue)*, puis descendre à gauche le long du mur du parc. Au monument aux morts, emprunter la rue principale à droite.

2 Du château, gagner l'église et monter par la route sur le plateau. Poursuivre par le chemin tout droit sur 2 km jusqu'à Montarcène *(panorama)*. Au croisement, se diriger à gauche, puis continuer à droite et, après le pylône *(vue sur Montbavin)*, passer en lisière avant d'entrer dans le bois. Laisser un chemin à gauche puis un à droite *(à 30 m à droite, anciennes carrières, grottes)* et arriver à une fourche, en sous-bois. Se diriger à droite sur 250 m.

3 Descendre à droite par le chemin des Molières. À Bourguignon *(fontaine Ursule et square)*, prendre en face la rue des Vendangeoirs *(fontaines, vendangeoirs, château, maison natale des frères Le Nain)*. À la mairie, suivre à droite la rue des Ecoles *(lavoir à 30 m)*, puis à gauche le chemin du Cimetière. Bifurquer à gauche pour gagner l'église de Royaucourt.

4 Descendre par la rue à droite, emprunter la D 652 à gauche *(danger : visibilité réduite ; vue sur le château de Chailvet)* et atteindre l'entrée de Royaucourt.

DAIM / DESSIN N.L.G.

5 Continuer par la petite route en face, puis s'engager sur le chemin à droite. Il mène à Chaillevois.

6 Tourner à gauche, laisser l'église de Chaillevois à droite et prendre la Grand-Rue à gauche. À la croix, bifurquer à droite et, 15 m après le monument aux morts, monter par le chemin à droite. Emprunter le chemin creux à gauche, puis descendre à droite par la route qui traverse Fouquerolles. Elle conduit à Merlieux.

PR® 7

MOYEN

4H • 14KM

S SITUATION
Merlieux, à 10 km au sud-ouest de Laon par les N 2 (direction Soissons) et D 65 (direction Anizy)

P PARKING
en contre-haut de la salle polyvalente

/ DÉNIVELÉE
altitude mini et maxi, dénivelée cumulée à la montée

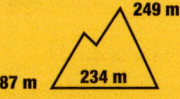

249 m
87 m / 234 m

B BALISAGE
jaune-bleu

À DÉCOUVRIR...

> En chemin :
• panorama
• Merlieux : église XIIe, centre d'initiation à l'environnement
• Bourguignon-sous-Montbavin : vendangeoirs XVIIe, maison natale des frères le Nain
• Royaucourt : église XIIIe-XIVe (surnommée « fleuron de la couronne de Notre-Dame de Laon », du fait de la hauteur intérieure)
• Chaillevois : vendangeoir XVIIIe, église XIIIe

> Dans la région :
• Mons-en-Laonnois : château XIIIe reconstruit, « creuttes »
• chemin des Dames
• Cessières : centre du marais • Chavignon : ateliers de l'Abeille
• Axo'plage de Monampteuil • Merlieux : Fête du livre

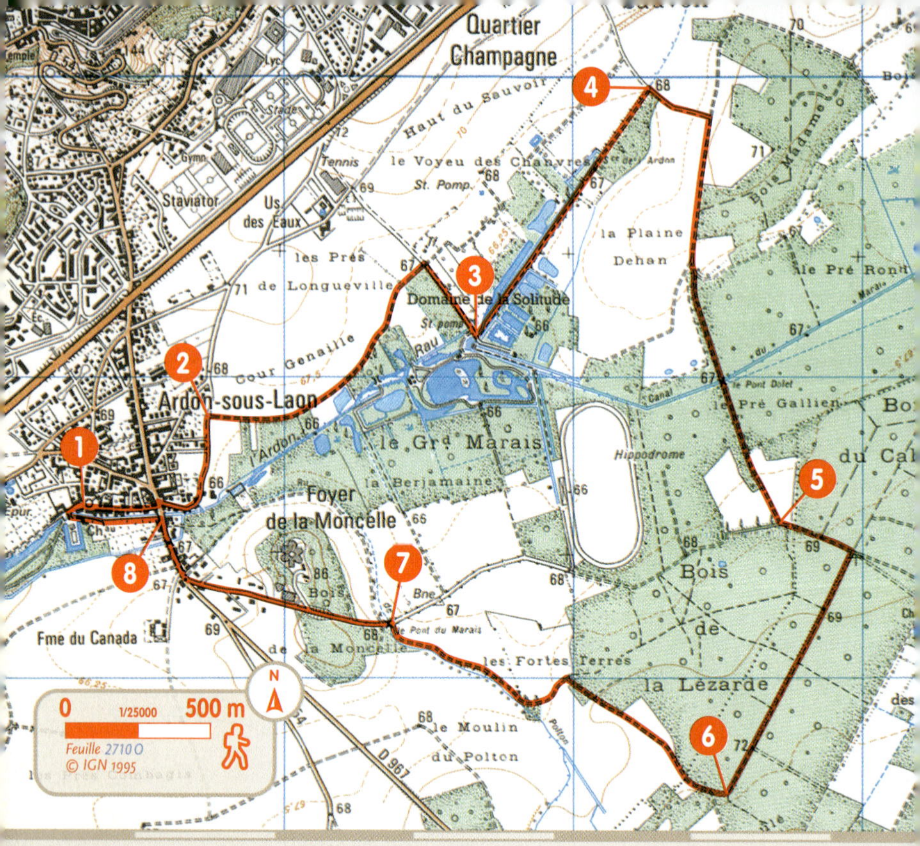

Map labels (top portion):

Quartier Champagne

Haut du Sauvoir

le Voyeu des Chanvres

St. Pomp.

Domaine de la Solitude

la Plaine Dehan

le Pré Rond

Ardon-sous-Laon

Cour Genaille

71 de Longueville

les Prés

le Grd Marais

la Berjamaine

le Pré Gallien

Hippodrome

Foyer de la Moncelle

Bois du Cal

Bois de la Lézarde

Bne

le Pont du Marais

les Fortes Terres

Fme du Canada

de la Moncelle

le Moulin du Polton

0   1/25000   500 m
Feuille 2710 O
© IGN 1995

N

PATRIMOINE BÂTI

LES BAINS D'ARDON

« Bains d'eau froide à ciel ouvert, aménagé sur le cours de la rivière Ardon au lieu-dit Berjamaine » (Laon, archives communales 1790-1945). Créés en 1854, les bains sont détruits durant la Première Guerre mondiale.

Ils sont remis en état et fonctionnent normalement entre 1925 et 1940. Un arrêté municipal du 6 juillet 1937 fixe le prix d'entrée à 1 franc, comme la location d'une cabine. En 1946, la ville décide de faire réaliser des travaux de remise en état pour un coût estimé à 100 000 francs avec une subvention de 48 000 francs de la direction de l'Education physique et des Sports, la charge restante étant imputée au compte des dommages de guerre. Mais, pour diverses raisons, les bains ferment à la fin de 1951. La piscine municipale, commencée en 1966, est mise en service en 1968.

BAINS D'ARDON / CARTE POSTALE

Les **bains** d'Ardon

Du faubourg d'Ardon, autrefois connu pour ses bains publics, parcourez la campagne et son Domaine préservé de la Solitude, aux portes de Laon, tout en profitant de points de vue sur la cité médiévale.

MÉSANGE BLEUE / DESSIN F.E.

S **SITUATION**
Ardon-sous-Laon, au sud-est de la butte de Laon par les N 2 et D 967

P **PARKING**
église

/ **DÉNIVELÉE**
altitude mini et maxi, dénivelée cumulée à la montée

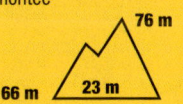

76 m

66 m   23 m

B **BALISAGE**
jaune

1 De l'église, emprunter la rue Richebourg, traverser la D 967, la longer à gauche, puis prendre la rue des Bains à droite *(les bains se trouvaient à 100 m en amont de l'ancien lavoir encore visible en bordure de la rivière)*.

2 S'engager sur le chemin à droite. Il longe peupleraies et bois sur 1 km *(vues sur la butte de Laon : remparts, cathédrale, cuve et ancienne abbaye Saint-Vincent, batterie Morlot…)*. Au carrefour, descendre à droite *(les captages d'eau potable de la ville sont implantés sur ce secteur dans l'aquifère de la craie)*. et passer devant l'entrée du domaine de la Solitude.

3 Franchir à gauche le pont sur l'Ardon canalisé et longer la rivière *(milieu humide : aulne, saule, étangs privés…)*. Passer devant la source.

4 À l'intersection, prendre le chemin rural à droite. Il traverse des parcelles cultivées *(sols sablonneux sur la craie)*. Entrer dans une frênaie puis une aulnaie à grandes herbes *(alluvions et dépôts tourbeux)*, puis franchir le pont qui enjambe le canal des Marais.

5 Au carrefour, suivre à gauche le chemin en sous-bois sur 250 m. Emprunter la large allée forestière à droite sur 1 km. Elle traverse une chênaie acidophile à sorbier et noisetier *(sables plus ou moins épais sur des matériaux crayeux ; trous d'eau)*.

6 Emprunter le chemin de Bruyères à Laon à droite. Il passe au milieu des champs et rejoint le chemin de l'Hippodrome *(vues sur la butte-témoin de Laon)*.

7 Continuer à gauche, passer devant le foyer de la Moncelle et se diriger vers le centre d'Ardon.

8 Juste avant le pont d'Ardon, traverser la D 967 *(prudence)* et prendre la sente qui longe la rivière jusqu'au Châtelet. Franchir le pont de pierre et, à droite, revenir à l'église.

À DÉCOUVRIR...

> **En chemin :**
• Ardon : église Saint-Pierre-aux-Liens XIIe-XIIIe-XIXe
• flore des milieux humides de la Solitude
• vues sur la butte de Laon

> **Dans la région :**
• Laon : ville d'Art et d'Histoire, ville-haute fortifiée et cathédrale forêts domaniales de Saint-Gobain, Samoussy et Vauclair
• Liesse : basilique XIIIe-XVe et pèlerinage à la Vierge Noire
• Axo'plage de Monamp-teuil
• Center Parcs de l'Aisne

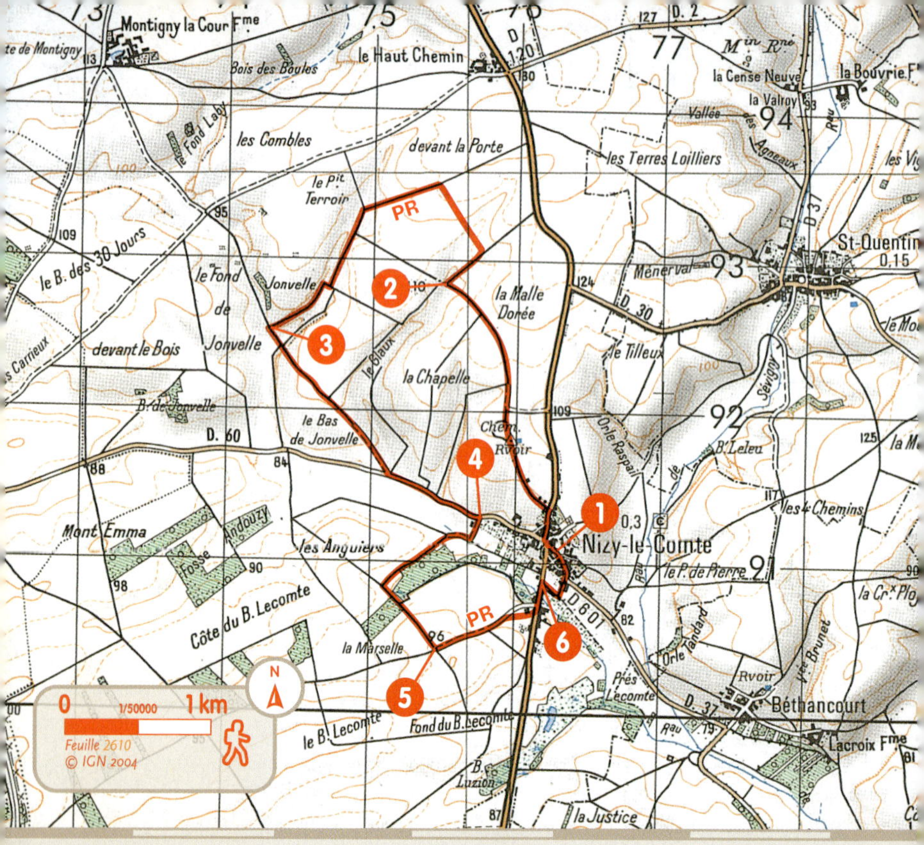

ÉCONOMIE

UNE PARTICULARITÉ NIZOISE : LA CULTURE DU TABAC

Implanté dans les années 1940 par un agriculteur de la commune, Roger Goux, le tabac brun a connu son apogée dans les années 1970. En 1981, la SEITA fait introduire le blond de Virginie. Cette plante annuelle est repiquée en plein champ début mai, puis récoltée à partir de la mi-juillet. Elle est ensuite séchée dans des fours électriques entre 30 et 70 °C, légèrement réhumectée, stockée et empilée feuille par feuille pour constituer des manoques (bottes) et enfin livrée à Sarlat (Dordogne). En 2006, la commune compte deux producteurs pour une surface de 13 hectares. Dans l'Aisne, une dizaine de communes, situées pour l'essentiel en Champagne axonaise, accueillent en tout 72 hectares de tabac.

CULTURE DU TABAC / PHOTO J.-L.S.

La **malle dorée**

En limite du plateau limoneux du Marlois-Porcien et de la plaine champenoise, découvrez les vestiges gallo-romains de Nizy-le-Comte, ancienne station romaine de *Ninitacci* mentionnée sur la table théodosienne de 435.

LIÈVRE / DESSIN F.E.

❶ De l'église, longer la D 966 sur le trottoir de droite jusqu'à la borne milliaire. Traverser la route *(prudence)* et prendre le chemin rural. Passer l'ancienne briqueterie et le réservoir *(vue sur le château d'eau et le clocher de Banogne-Recouvrance dans le département des Ardennes).* Le chemin franchit un étroit talweg.

❷ Prendre le chemin à droite, puis s'engager sur le chemin herbeux à gauche. Tourner encore à gauche et descendre la vallée sèche *(ces chemins contournent le Grand Clair Puits où existent des traces d'une ancienne villa romaine).* Poursuivre par le chemin herbeux bordant un talus boisé *(aubépine, églantier, prunellier, sureau, viorne…).* Virer à droite, puis à gauche le long d'un petit talus.

❸ Emprunter à gauche le chemin rural empierré de Montigny-la-Cour à Nizy-Le-Comte jusqu'au silo à grains *(vues sur les bois de Lappion, le village de La Selve, le camp militaire de Sissonne et ses bois).* Continuer par la D 60 à gauche sur 650 m.

❹ S'engager sur le chemin à droite. Il vire à droite et atteint une fourche. Se diriger à gauche en lisière des Bas Bois *(saule, frêne, noisetier, peuplier…).* Au carrefour, tourner à gauche et continuer tout droit *(ancienne carrière de craie à droite dans l'angle du bois ; vues sur les bois du camp de Sissonne et la plaine champenoise).*

❺ Descendre par le chemin à gauche, traverser la D 966 *(prudence ; ancien château Jean Julien)* et suivre le trottoir de droite en direction du centre du village. Franchir le pont qui enjambe le ru intermittent.

❻ S'engager à droite sur le chemin en bordure de la ferme, tourner à gauche et emprunter la D 601 à gauche *(anciennes fermettes, maisons en moellons de craie)* pour regagner l'église.

S SITUATION
Nizy-le-Comte, à 35 km à l'est de Laon par les N 44 (direction Reims), D 181 et D 60 (à Sissonne)

P PARKING
église

/ DÉNIVELÉE
altitude mini et maxi, dénivelée cumulée à la montée

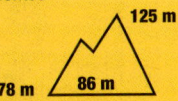

125 m

78 m   86 m

B BALISAGE
jaune et vert

À DÉCOUVRIR…

> **En chemin :**
• Nizy-le-Comte : église Saint-Béat XVIIIe
• vestiges de la Gaule romaine (borne milliaire, traces de villas)
• champs de tabac

> **Dans la région :**
• Sissonne (ville reconstruite après 1918) : sarcophages mérovingiens, camp militaire de 6 000 hectares, cimetières militaires • Lappion : maisons et granges (entre 1838 et 1853), cadran solaire de 1712, maisons à pignon et étage en bois XVIe-XVIIe • Montcornet : église fortifiée XVIe-XIXe, hôtel de ville XIXe, cimetière militaire du Commonwealth

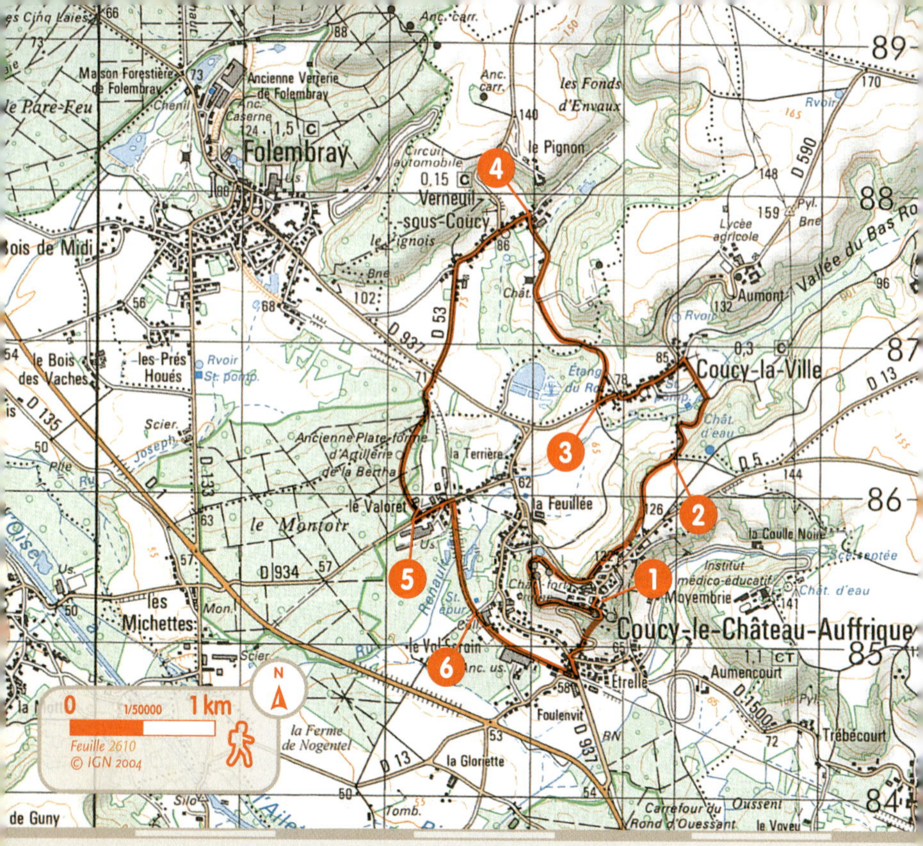

LA FORTERESSE D'ENGUERRAND III

« Roy ne suis, ne prince, ne duc, ne comte aussi, je suis le sire de Coucy », telle était la fière devise d'Enguerrand III, sire de Coucy. Vers 1220, ce seigneur fit édifier sur un éperon calcaire dominant la vallée de l'Ailette un château fort dont le donjon de 54 m, le plus haut de l'Europe médiévale, défiait celui du Louvre. Cet ensemble se divise en trois parties : la ville avec la porte principale de Laon, la basse-cour de 3 ha et les ruines du château. En effet, après une multitude de mésaventures, les Allemands, lors de leur repli en mars 1917, détruisirent le donjon, les quatre tours et endommagèrent les portes d'accès à la ville. Aujourd'hui, des associations s'efforcent de préserver les ruines et de faire revivre le château avec un spectacle médiéval nocturne en juillet.

REMPARTS DE COUCY / PHOTO P.B.

Circuit d'Enguerrand

PR® 10

FACILE

3H • 11KM

Perché sur le rebord de son plateau, la ville fortifiée de Coucy domine la vallée de l'Ailette. Au pied des remparts, sur les chemins, il est facile d'évoquer la silhouette des fiers chevaliers du Moyen Âge.

1 Face à l'hôtel de ville, prendre deux fois à gauche, rue des Epouses et rue des Vivants, pour gagner la porte de Soissons. Descendre au pied de la tour et longer le rempart jusqu'au chemin de ronde *(bien refermer le portail à l'entrée et à la sortie)*. Descendre le chemin de gauche qui rejoint la route. Monter jusqu'à la porte de Chauny, passer à gauche (balisage GR). Continuer tout droit. Virer deux fois à gauche pour descendre dans la vallée. À la fourche, poursuivre tout droit. Le chemin descend puis s'enfonce dans le bois.

CHÊNE PÉDONCULÉ / DESSIN P.V.

2 Au carrefour, suivre le GR et déboucher en bordure de bois. S'enfoncer à nouveau dans les bois en un large virage à droite, puis serpenter doucement. Passer la station de pompage et laisser la rue à gauche pour continuer tout droit jusqu'au calvaire. Tourner à gauche et remonter la rue vers l'église, puis aller tout droit jusqu'à la sortie du village.

3 Virer à droite après la dernière maison, rue des Cailloux. Au niveau du grand bâtiment, tourner deux fois à gauche, longer une pâture et poursuivre tout droit pour gagner Verneuil.

4 Virer à gauche, passer l'église et poursuivre en face rue des Suzières. Passer le virage à gauche pour quitter le village et suivre la D 53. Traverser la D 937 *(prudence)* et poursuivre en face dans le bois. Laisser le chemin de droite et poursuivre tout droit, puis à la fourche continuer à gauche. À la sortie du bois, longer les sapins et la scierie pour gagner la rue principale de Coucy.

5 Tourner à gauche, passer devant la gendarmerie puis l'ancienne gare. Aller à droite dans le chemin, poursuivre tout droit. Le chemin longe l'étang municipal.

6 Traverser la rue et longer le collège, poursuivre tout droit. Au carrefour, tourner à gauche. Au niveau de l'auberge, traverser la route puis monter à gauche de la petite place. Prendre la sente entre les maisons pour gagner la ville haute. Rejoindre la tour de Soissons, puis l'hôtel de ville.

S SITUATION
Coucy-le-Château, à 17 km au nord de Soissons par la D 1

P PARKING
place de l'Hôtel-de-Ville (ville haute)

/ DÉNIVELÉE
altitude mini et maxi, dénivelée cumulée à la montée

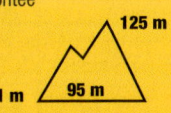

125 m
51 m 95 m

B BALISAGE
jaune et bleu

À DÉCOUVRIR...

> En chemin :
• Coucy-le-Château : porte de Soissons, parc animalier, remparts et porte de Chauny
• Coucy-la-Ville : église XIIe-XVIe • plate-forme d'artillerie allemande de la Première Guerre mondiale

> Dans la région :
• Coucy-le-Château : château-fort, église
• Blérancourt : musée Franco-Américain
• Saint-Gobain : forêt domaniale et manufacture
• Prémontré : ancienne abbaye fondée par saint Norbert

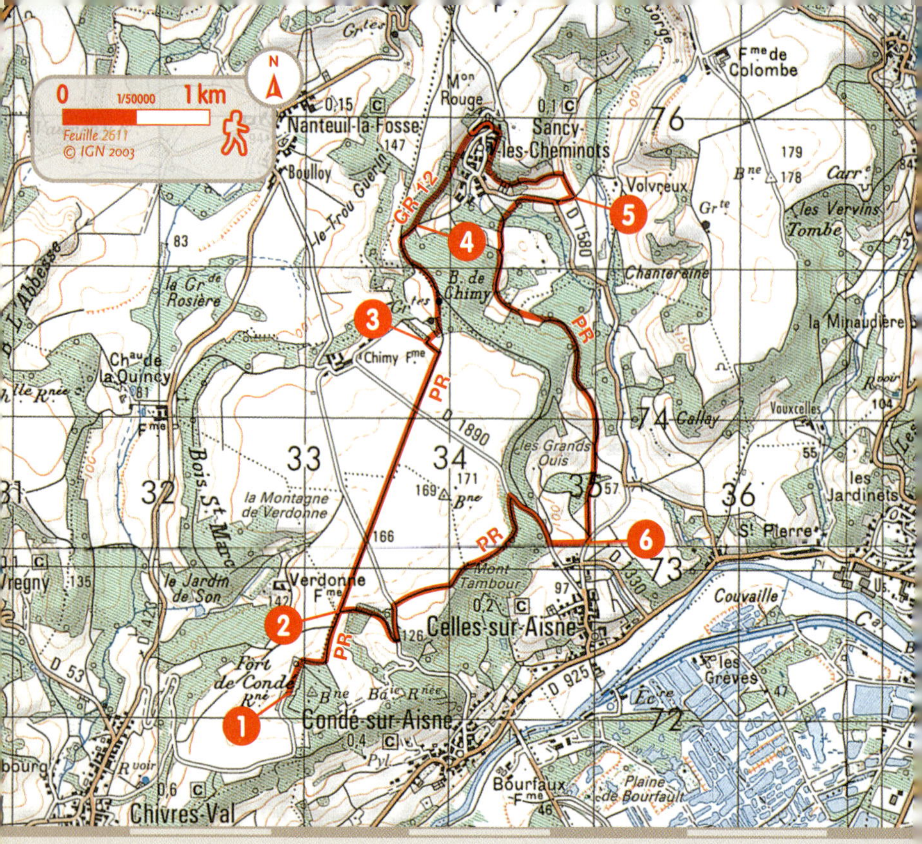

LES PAYSAGES DU SOISSONNAIS,
ENTRE AILETTE ET AISNE

Trois ensembles paysagers se rencontrent dans le Soissonnais :

- le plateau ouvert et monotone, occupé par la culture intensive, avec l'implantation de grandes fermes à partir de 1923-1924 ;

- des versants pentus occupés par un pré-bois à églantiers, ou par une hêtraie calcicole, ou encore vers le sud par une pelouse sèche à bromes et brachiopodes. Les versants à pentes modérées et piedmonts portent une hêtraie-charmaie ou sont cultivés ;

- les vallées humides, parfois marécageuses, qui présentent des paysages variés et confinés dans le cas des vallées secondaires. Leur végétation naturelle est la prairie ou la chênaie pédonculée humide, fréquemment plantée de peupliers. On peut y rencontrer des roselières.

LA BEAUTÉ CHAMPÊTRE DES VALLÉES SECONDAIRES DU SOISSONNAIS / PHOTO J.-L.S.

La **fontaine Saint-Ouen**

MOYEN

3H • 12KM

Au pied du Chemin des Dames, découvrez Sancy-les-Cheminots reconstruit après 1920 grâce à la solidarité des cheminots, puis visitez l'ancien fort de Condé récemment réhabilité.

① Passer devant le fort, virer à droite et continuer par le chemin rectiligne qui traverse le plateau.

② À l'embranchement, poursuivre tout droit, couper la petite route puis la D 1890 *(vue sur la ferme de Mennejean)*.

③ Continuer par le sentier qui longe le bois *(anciennes carrières, blockhaus, savart à bouleaux)* et, à la fourche, descendre par le chemin à droite *(point de vue)*.

④ S'engager à gauche sur le sentier forestier récemment ouvert *(vue sur Sancy-les-Cheminots)* et poursuivre à droite vers le village. Prendre la D 1580 et monter à gauche par le chemin herbeux qui passe en contre-haut du cimetière puis longe un savart. Tourner à droite.

⑤ À la croisée, prendre le chemin à droite, puis la D 1580 sur 100 m à droite, et descendre par le chemin herbeux à gauche. Franchir le vallon humide et continuer à gauche. Le chemin serpente entre les peupleraies. Après le bois, rester à droite et, au carrefour, poursuivre tout droit vers Celles-sur-Aisne. Emprunter la petite route à droite sur 20 m.

⑥ S'engager sur le chemin herbeux à droite, puis monter par la D 1890 à droite sur 700 m. Prendre le chemin à gauche. En sous-bois, il conduit sur le plateau. Descendre par la route à gauche *(talus taillés dans les calcaires)*, emprunter le chemin de terre à droite, remonter sur le plateau, retrouver l'embranchement de l'aller et rejoindre le fort.

ÉRABLE CHAMPÊTRE ET SES FRUITS /
DESSIN P.V.

S SITUATION
Chivres-Val, à 11 km à l'est de Soissons par les D 925 et D 958

P PARKING
fort de Condé, à 2 km au nord-est de Chivres-Val par la petite route après l'église

/ DÉNIVELÉE
altitude mini et maxi, dénivelée cumulée à la montée

167 m

62 m — 239 m

B BALISAGE
jaune-vert

À DÉCOUVRIR...

> **En chemin :**
• fort de Condé pelouse savart calci-cole avec repousses de bouleaux • Sancy-les-Cheminots (village reconstruit, patrie des frères saint Ouen et saint Radon) : jardin du Souvenir, fontaine Saint-Ouen • vue sur la vallée de l'Aisne

> **Dans la région :**
• Chemin des Dames (caverne du Dragon, cimetières militaires...) • Axo'plage de Monampteuil • ruines de l'abbaye de Vauclair • Soissons : ville d'Art et d'Histoire • Center Parcs de l'Aisne

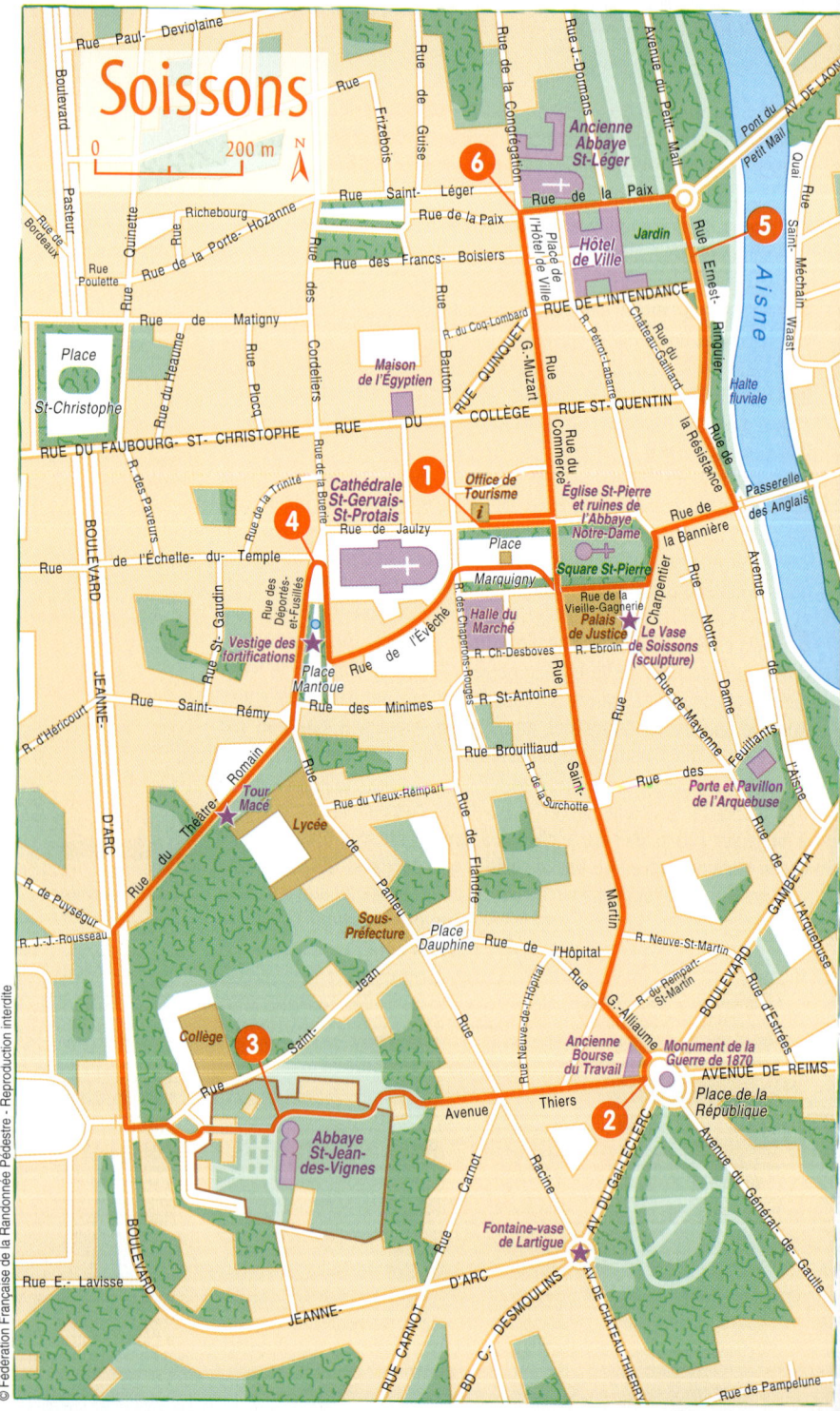

Flâneries soissonnaises

Au bord de l'Aisne, Soissons, capitale des premiers Mérovingiens, est dominée par les flèches de l'abbaye Saint-Jean-des-Vignes. Détruite à 60 % en 1918, reconstruite, restaurée, elle possède d'élégantes maisons Art déco.

De l'**office de tourisme** ❶, longer la place F.-Marquigny vers le square Saint-Pierre, prendre la rue Saint-Martin à droite, laisser la rue Neuve-Saint-Martin à gauche, puis bifurquer à gauche pour gagner la **place de la République** ❷ *(monument de la guerre de 1870, ancienne bourse du travail)*. Emprunter l'avenue Thiers à droite et accéder à l'**abbaye Saint-Jean-des-Vignes** ❸ *(tours, cloître, cellier, logis des abbés)* par la porte au fond de la rue.

Sortir dans la rue Saint-Jean à gauche, emprunter le boulevard Jeanne-d'Arc à droite, puis la rue du Théâtre-Romain à droite *(tour Macé)* et arriver sur la place Mantoue *(vestiges des anciennes fortifications médiévales)*. Gagner la **cathédrale Saint-Gervais-Saint-Protais** ❹.

Revenir sur la place Mantoue et prendre la rue de l'Evêché à gauche avant de retrouver la place F.-Marquigny *(maison Art déco, halle du marché couvert, monument aux morts, fresque sur le vase de Soissons)*.

Traverser pour rejoindre le square Saint-Pierre et la rue de la Vieille-Gagnerie *(église romane et ruines de l'abbaye Notre-Dame)*. Prendre la rue Charpentier à gauche *(mémorial de la Grande Guerre)*, puis la rue de la Bannière *(plaque commémorative du passage de Jeanne d'Arc)* à droite. Ne pas franchir la passerelle des Anglais, mais longer à gauche la rive gauche de l'Aisne et poursuivre jusqu'à la halte fluviale.

Longer les jardins de l'**hôtel de ville** ❺ *(ancien palais de l'Intendance)*. Prendre la rue de la Paix à gauche et arriver à l'ancienne **abbaye Saint-Léger** ❻ *(musée)*.

Traverser la place de l'Hôtel-de-Ville et continuer par la rue Georges-Muzart, poursuivre tout droit par la rue du Commerce, retrouver la place F.-Marquigny et à droite l'**office du tourisme**.

FONTAINE VASE DE LARTIGUE / PHOTO P.B.

S SITUATION
Soissons, à 36 km au sud-ouest de Laon par la N 2

P PARKING
place de l'Hôtel-de-Ville

/ DÉNIVELÉE
altitude mini et maxi, dénivelée cumulée à la montée

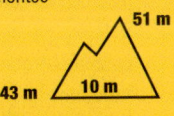
51 m
43 m   10 m

B BALISAGE
fleur de lys au sol

! CONSEIL
se procurer la brochure « les flâneries » à l'O.T. pour accompagner la promenade

À DÉCOUVRIR...

> En chemin :
- ancienne abbaye Saint-Jean-des-Vignes
- cathédrale Notre-Dame
- ancienne église Saint-Pierre
- bords de l'Aisne
- hôtel de ville
- ancienne abbaye Saint-Léger (musée municipal)

> Dans la région :
- Soissons : maison Art Déco dite de l'Egyptien, porte et pavillon de l'Arquebuse, parc Saint-Crépin, crypte Saint-Médard Chemin des Dames (caverne du Dragon, cimetières militaires...)
- Axo'plage de Monampteuil
- Ambleny : donjon

GÉOLOGIE

SOISSONNAIS

C'est le domaine des plateaux calcaires surmontés de limons intensément cultivés (et de fermes isolées), traversés par la vallée de l'Aisne et profondément entaillés par une multitude de petits cours d'eau créant des paysages riches et variés. Les versants pentus sont généralement boisés, ceux exposés au Sud peuvent être occupés par une pelouse calcicole sèche à flore très caractéristique, à découvrir lors de randonnées.

Les villages se nichent dans les vallons ou sont installés au pied de la falaise calcaire et près de sources. L'imposant massif forestier de Retz culminant à 231 m d'altitude crée une coupure paysagère entre les plateaux agricoles du Soissonnais et ceux du Valois.

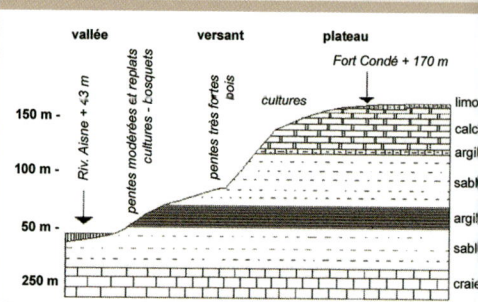

COUPE SCHÉMATIQUE DES TERRAINS DU SECTEUR DU FORT DE CONDÉ-SUR-AISNE / SCHÉMA J.-L.S.

UN PEU D'HISTOIRE

L'HISTOIRE DU SOISSONNAIS APRÈS LA GRANDE GUERRE

Pendant la Première Guerre mondiale, ce secteur fut le théâtre de combats acharnés, en particulier à l'automne 1914, en avril-mai 1917 et en août-septembre 1918. La reconstruction des années 1920 a pratiquement effacé toutes les traces de la guerre. Les terres fertiles du plateau ont été nivelées et remises en culture. Les villages et les fermes isolées ont été reconstruits.

La ferme de Chimy, propriété de l'abbaye Saint-Crépin-le-Grand de Soissons jusqu'à la Révolution de 1789, a conservé lors de la reconstruction son site en bordure de plateau, caractéristique des anciennes fermes du Soissonnais. Au début des années 1920, elle est cultivée par Georges Monnet, futur député

de l'Aisne et ministre de l'Agriculture sous le Front Populaire. Ami de Monnet, Roland Dorgelès, l'auteur des *Croix de bois*, est venu à Chimy travailler à son roman *Le réveil des morts* (paru en 1923) qui évoque la reconstruction des régions dévastées par la guerre.

Le village de Sancy a été reconstruit de 1920 à 1928. La reconstruction des bâtiments communaux a été financée grâce à la générosité des cheminots après l'appel lancé par un chef de bureau des chemins de fer de l'Etat, Paul Busquet, en mémoire de son fils Lucien mort de ses blessures en novembre 1914. En signe de reconnaissance, la commune a demandé et obtenu en 1929 l'autorisation officielle de s'appeler désormais Sancy-les-Cheminots.

ABBAYE DE SAINT-JEAN-DES-VIGNES / PHOTO P.B.

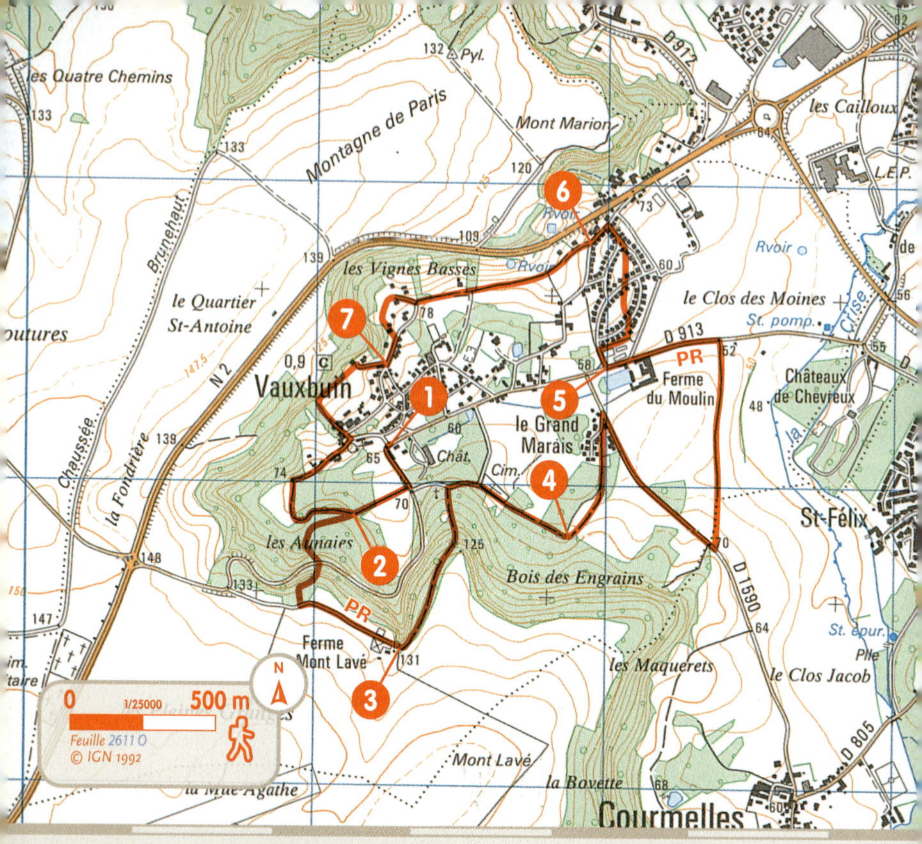

Map

les Quatre Chemins

Montagne de Paris

Mont Marion

les Cailloux

Brunehaut

le Quartier St-Antoine

les Vignes Basses

le Clos des Moines

Vauxbuin

le Grand Marais

Ferme du Moulin

Châteaux de Chevreux

la Fondrière

St-Félix

les Aulnaies

Bois des Engrains

Ferme Mont Lavé

les Maquerets

le Clos Jacob

0   1/25000   500 m

Feuille 2611 O
© IGN 1992

Mont Lavé

la Bovette

Courmelles

LE CHÂTEAU DE VAUXBUIN

Il existait dans ce village un château aujourd'hui reconstruit et une importante seigneurie illustrée par la présence de deux grandes familles, les d'Estrées (Gabrielle née à Cœuvres en 1571 fut la favorite d'Henri IV) et les Mayenne (Charles de Lorraine, duc de Mayenne, fut l'un des chefs de la Ligue, vaincu en 1590).

En 1914, seule demeuraient l'extrémité ouest du château et son pavillon avec la chambre où Henri IV séjourna en juillet 1603 après la fin de la Ligue. Ce pavillon aurait été érigé par Jean d'Estrées, le constructeur du château de Cœuvres. Le château fut fortement endommagé pendant la Première Guerre mondiale ; le pavillon d'angle s'écroula, les murs restant furent abattus en 1955.

PAS DE MOINEAUX /
PHOTO P.B.

La **fontaine** du **Coucou**

PR® **13**

FACILE

2H30 • 7,5KM

Découvrez les paysages typiques du Soissonnais alternant plateau, domaine de culture intensive, et vallons profonds et cachés. C'est là, à proximité des rives de la Crise, que fut fondé Vauxbuin, dès 1150.

PRIMEVÈRE OFFICINALE / DESSIN N.L.G.

1 Face au château, prendre la rue à droite. Au platane *(fontaine du Coucou, manoir)*, s'engager sur le chemin à droite, entre les pâtures et arriver à une fourche.

2 Poursuivre tout droit dans le bois, couper la D 901 *(prudence)*, continuer en face et gravir la pente boisée. Emprunter la route (privée) à gauche jusqu'à la ferme de la Carrière.

3 Traverser la ferme et entrer dans le bois à gauche. Le chemin descend à flanc et mène au monument des Fusillés. Emprunter la route à droite, longer le château puis le cimetière et continuer dans le bois.

4 Au carrefour, tourner à gauche, continuer tout droit, franchir un petit ru et poursuivre par la rue des Grands-Marais. Emprunter la D 1590 à droite sur 500 m, puis le chemin à gauche *(vue sur Soissons)* et la D 913 à gauche. Passer la ferme du Moulin *(pigeonnier octogonal)*.

5 Partir à droite, tourner à droite le long des hangars, puis monter à gauche entre les maisons. Gagner à droite le petit espace vert, puis la rue Saint-Bernard et rejoindre à gauche le haut des maisons avant de prendre à gauche la rue de La Villette.

6 Bifurquer à droite dans la rue Haute. Elle se poursuit par un chemin qui descend entre les pâtures. Continuer par la rue des Treillis, utiliser à droite la sente qui passe deux maisons, puis retrouver la rue des Treillis et la prendre à droite.

7 Tourner à droite, passer derrière la maison et monter par le petit chemin *(vue sur l'église)*. Descendre à gauche vers l'église et, sur la place Saint-Martin, virer à droite. Le chemin s'enfonce dans le bois. Au carrefour, prendre le chemin (privé) à gauche, se diriger encore à gauche et retrouver la fourche de l'aller.

2 Par la sente utilisée à l'aller, regagner le village.

S SITUATION
Vauxbuin, à 2 km au sud-ouest de Soissons par la N 2

P PARKING
place du village, en face du château

DÉNIVELÉE
altitude mini et maxi, dénivelée cumulée à la montée

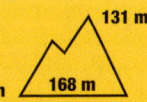

131 m
52 m — 168 m

B BALISAGE
jaune-bleu

À DÉCOUVRIR...

> **En chemin :**
• fontaine du Coucou
• monument des Fusillés ferme du Moulin (pigeonnier octogonal XVIII, ancien moulin à eau)
• Vauxbuin : château, église (tour-porche XVIIIᵉ, retable XVIIᵉ)

> **Dans la région :**
• Soissons : ville d'Art et d'Histoire
• Septmonts : village pittoresque, donjon
• Chemin des Dames (caverne du Dragon, cimetières militaires...)
• Axo'plage de Monampteuil
• Center Parcs de l'Aisne
• Fort de Condé

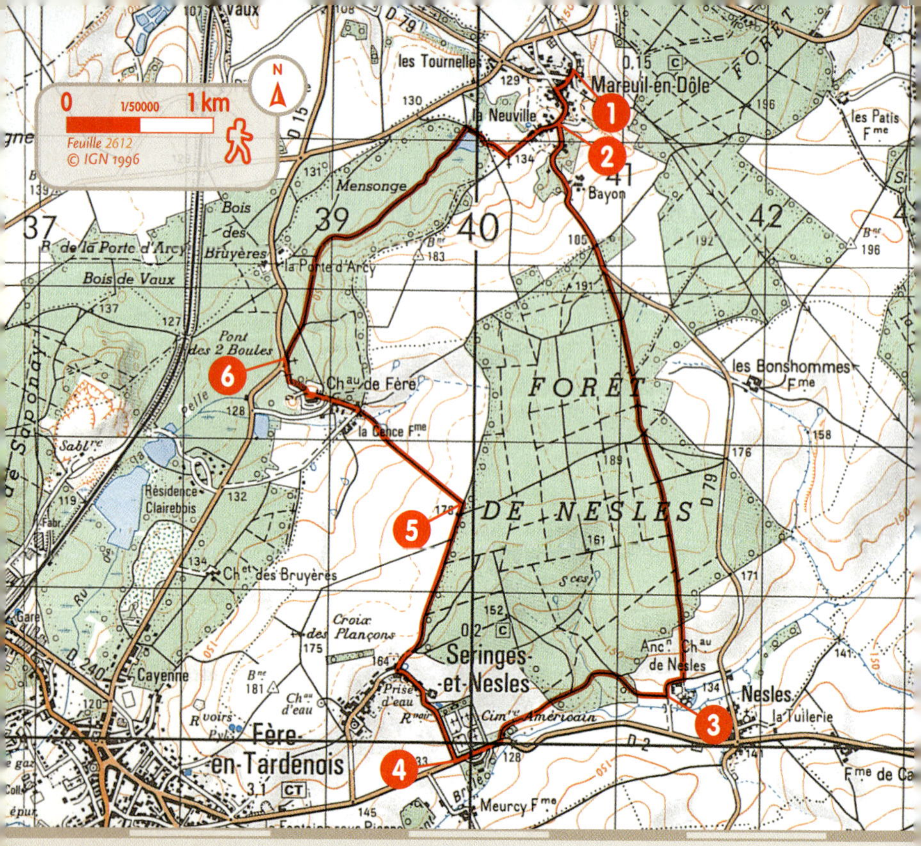

0 1/50000 1 km

PATRIMOINE BÂTI

LES RUINES DU CHÂTEAU DE FÈRE

Robert II de Dreux, petit-fils de Louis VI le Gros, fit édifier à partir de 1206 un château fort en pierres sur une motte artificielle. Anne de Montmorency, qui le reçut de François 1er, le transforma de 1533 à 1539. Les 7 tours circulaires et la porte d'entrée furent conservées ; le pont médiéval fut remplacé par un gigantesque viaduc de style Renaissance, surélevé de deux galeries, qui reliait la forteresse du XIIIe au château moderne. François Ier et la cour y vinrent deux fois en 1535. La seigneurie passa ensuite aux Condé, puis aux Conti... En 1779, Louis-Philippe d'Orléans le fit démolir pour en vendre les matériaux. En 1796 fut réaménagée la partie appelée « château neuf » qui devint par la suite l'hostellerie du château de Fère.

CHÂTEAU DE FÈRE / PHOTO J.-L.S.

Château de Fère

Que de trésors dans la campagne du Tardenois : élégant portail de l'église de Mareuil, forteresse médiévale de Nesles et gracieuse galerie Renaissance du château de Fère enjambant les fossés de la motte féodale !

1 Emprunter la rue Casenière, puis la D 79 à gauche.

2 Au carrefour, continuer par la D 79 à gauche sur 1 km et, dans le virage, poursuivre tout droit par le chemin dans la forêt de Nesles *(à dominante de chênes)* au sud sur 2,5 km et arriver à un croisement en T, face au château de Nesles. Se diriger à droite le long de la ferme sur 150 m.

3 Prendre le chemin à droite et entrer à nouveau dans la forêt. Après 100 m, bifurquer à gauche, franchir un thalweg et sortir du bois. Emprunter la D 2 à droite et passer devant le cimetière américain *(visite libre)*.

4 Emprunter la route à droite, entrer dans Seringes-et-Nesles et, 150 m après le chemin du Chaufour, s'engager dans la rue à droite. À l'orée de la forêt, obliquer à gauche pour longer la lisière sur 1 km en laissant le premier chemin à gauche.

5 Descendre par le deuxième chemin à gauche au milieu des champs *(vue sur le château)*, passer la ferme et continuer tout droit pour entrer dans le parc de l'Hostellerie du château de Fère *(accès libre, visite possible de l'ancien château par le pont-galerie)*. Descendre par l'escalier en colimaçon, tourner à gauche et se diriger vers la D 957.

6 Ne pas suivre la route, mais s'engager à droite sur le sentier sableux *(lande à callunes et grès)*. À la fourche, se diriger à gauche et poursuivre sur 2 km. Passer l'étang, tourner à droite et avancer tout droit jusqu'à la croix de la Neuville. Tourner à gauche, retrouver le carrefour de l'aller et rejoindre la place de Verdun.

LORIOT D'EUROPE / DESSIN F.E.

SITUATION
Mareuil-en-Dôle, à 30 km au nord-est de Château-Thierry par la D 967 (direction Fismes)

PARKING
place de Verdun

/ DÉNIVELÉE
altitude mini et maxi, dénivelée cumulée à la montée

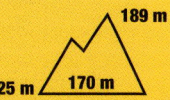

189 m

125 m — 170 m

B BALISAGE
jaune et vert

! DIFFICULTÉS !
zone humide en **5**

À DÉCOUVRIR...

> **En chemin :**
• Mareuil-en-Dôle : église (porche XIIe)
• forêt de Nesles (chênes) • château de Nesles XIIIe (visite possible)
• cimetière américain et mémorial (visite libre) de Seringes-et-Nesles (1914-1918) • ruines du donjon XIIIe, motte féodale et galerie Renaissance au-dessus des fossés (visite libre)

> **Dans la région :**
• Fère-en-Tardenois : halles à blé en châtaignier (1540), le « Grès qui va boire », église • site de la Hottée du Diable • Villeneuve-sur-Fère : maison natale de Paul Claudel (1858)

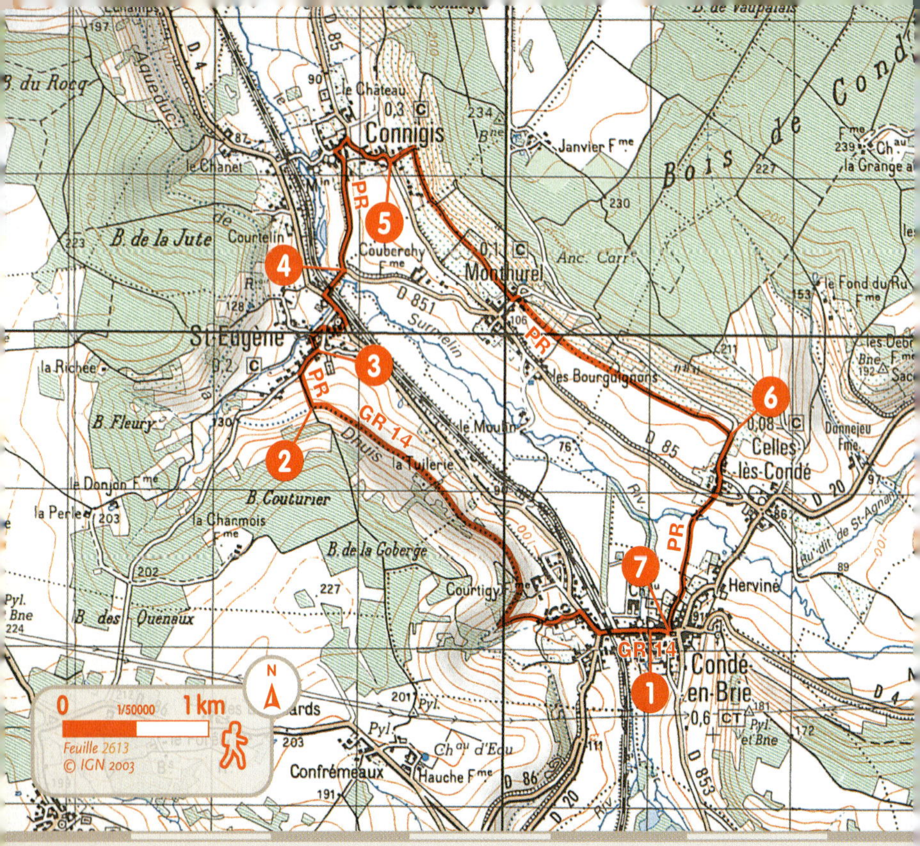

TECHNIQUES
L'AQUEDUC DE LA DHUYS

VIGNOBLES PRÈS DE CONDÉ-EN-BRIE / PHOTO P.B.

En 1859, la ville de Paris acquiert les sources de la Dhuys, qui draine une partie des eaux souterraines du plateau briard.

Les travaux de captage et de construction de l'aqueduc commencent afin d'alimenter la capitale en eau potable. En 1865, après un parcours souterrain de 131 km et le franchissement d'une vingtaine de siphons, les eaux de la Dhuys arrivent au réservoir de Mesnilmontant. Aujourd'hui, l'aqueduc alimente essentiellement le parc de loisirs de Marne-la-Vallée.

La Dhuys se jette dans le Surmelin en aval de Condé-en-Brie. Ce bourg tire son nom de sa situation, le mot celte *condatum* signifiant « confluent ». L'entretien régulier des abords de l'aqueduc favorise le développement des plantes herbacées, et la prolifération des insectes et des papillons.

La **vallée** du **Surmelin**

Avant de jeter ses eaux claires et vives dans la Marne, la rivière forme une large vallée où s'élèvent de remarquables églises nichées dans de charmants villages, sur fond de coteaux en partie plantés de vignes de champagne....

1 De l'église, franchir le pont sur la Dhuys, laisser l'entrée du château à droite, franchir la voie ferrée et gagner le carrefour. Emprunter la D 4 à droite, puis la rue du Collège à gauche. Continuer par le chemin qui monte, puis s'engager à droite sur l'aqueduc de la Dhuys *(large terreplein herbeux; à droite, vue sur la vallée).*

2 Au début d'un virage à gauche, descendre par le chemin à droite vers Saint-Eugène, puis suivre la rue Joyeuse à droite.

3 50 m avant le carrefour, descendre à gauche par la rue étroite. Franchir le ruisseau, puis tourner à droite pour le franchir à nouveau. Au calvaire, continuer à gauche et, 20 m avant le croisement, tourner à droite pour voir l'église. Emprunter la D 4 à gauche puis, au monument aux morts, la D 851 à droite pour franchir le Surmelin.

4 Prendre la route à gauche. Elle mène à Connigis. Sur la place de l'Eglise, monter à droite, puis emprunter la D 85 à droite. Après le lavoir, la rue vire à droite.

5 Avant la sortie du village, tourner à gauche. Au deuxième carrefour de chemins, emprunter le chemin perpendiculaire à droite *(vue sur la vallée).* Il mène, à travers les vignes, à Monthuret. Dans le village, suivre la rue à gauche sur 10 m, puis la rue des Carrières à droite. Le chemin serpente dans les vignes *(vue sur les vallons de la Dhuys et du Surmelin)* puis s'incurve à droite vers Celles-les-Condé.

6 Emprunter à droite la rue de Janvier puis la rue de Bicêtre. Traverser la rue de Monthuret et poursuivre en face par le chemin qui franchit le ruisseau sur une étroite passerelle. Continuer par le chemin herbeux qui débouche sur la place de la Halle, à Condé-en-Brie.

7 Suivre à droite la Grand-Rue et retrouver l'église.

RAISIN / DESSIN N.L.G.

S SITUATION
Condé-en-Brie, à 20 km au sud-est de Château-Thierry par les N 3 et D 4

P PARKING
église

/ DÉNIVELÉE
altitude mini et maxi, dénivelée cumulée à la montée

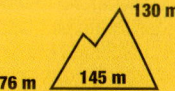

130 m
76 m — 145 m

B BALISAGE
1 à 2 > blanc-rouge
2 à 7 > jaune et vert
7 à 1 > blanc-rouge

! DIFFICULTÉS !
chemins boueux dans les vignes par temps humide

À DÉCOUVRIR...

> En chemin :
• Condé-en-Brie : halles XVIe, église gothique (clocher roman), château des princes de Condé achevé en 1719 (toiles de Servandoni, meubles, tapisseries reproduisant les fables de La Fontaine...), lavoirs
• aqueduc de la Dhuys
• Saint-Eugène : église XIIe (portail remarquable)
• panorama sur la vallée et le vignoble
• Connigis : église XIIe

> Dans la région :
• Mezy-Moulins : église XIIIe (rosace remarquable) producteurs de champagne • villages pittoresques de Pargny-la-Dhuys et Baulne-en-Brie

L'Oise
et Verte
Bleue

Tous les ans au début du mois de juin

Deux jours de fête dans l'Oise, pour tous ceux qui aiment la nature, le patrimoine, la randonnée, à pied, à vélo, à cheval, au fil de l'eau… les sorties nature, activités nautiques, aériennes et spéléologiques…

www.oise-verteetbleue.com

oise
LE DÉPARTE

Découvrir
L'Oise

AULNE GLUTINEUX / DESSIN P.V.

Venez respirer dans l'Oise au royaume des chênes centenaires et des grands cerfs, en voiture, en calèche, à vélo, à pied…

Dans ce département se lisent les grandes pages de l'Histoire française de l'époque gallo-romaine à la Seconde Guerre mondiale en passant par le Moyen Âge et l'épopée impériale. La splendeur des cathédrales gothiques de Beauvais, Senlis ou Noyon côtoie les richesses surprenantes des cités : Senlis, cité royale ; Compiègne, résidence impériale ; Chantilly, domaine des Princes de Condé et cité du Cheval ; Noyon, terre de Calvin ; ou encore Ermenonville, patrie de Jean-Jacques Rousseau.

Au sein de ses 128 000 ha de forêts séculaires ou à travers ses plaines et collines, rivières et étangs, l'Oise offre un patrimoine naturel remarquable à l'instar du massif des Trois-Forêts intégré au Parc naturel régional Oise - Pays de France. Cette richesse a favorisé la création d'une large palette de loisirs et sports de nature au premier rang desquels figure la randonnée avec plus de 2 000 km de sentiers et de pistes forestières, 16 GR® et GRP®…

À seulement 45 km au nord de Paris, l'Oise peut se targuer d'être le poumon vert de l'Île-de-France.

Mais l'Oise, c'est aussi un pays de savoir-faire et de savoir-vivre avec son artisanat local, ses musées de pays et son terroir. Savez-vous que l'Oise est le berceau historique de la célèbre crème Chantilly et celui de la brosse à dents française ?

(1) MAISON EN BRIQUE – (2) ÉGLISE DE BÉTHISY-SAINT-PIERRE
(3) CRÉPY-EN-VALOIS – (4) MAISONS À PANS DE BOIS
PHOTOS P.B. (1, 2, 3), D.G./CDTO

TRADITIONS ET SAVOIR-FAIRE

LE TIR À L'ARC

La Picardie est la région souveraine du tir à l'arc avec 3 300 licenciés et 170 compagnies. Le Pays de Valois est particulièrement attaché à cette tradition puisque, jadis, les archers du Roi étaient recrutés et formés dans le Valois. De cet héritage culturel restent bon nombre d'éléments qui témoignent de la popularité de ce sport toujours vivant. La pratique du tir à l'arc s'est perpétuée à travers l'existence des compagnies d'arc.

Le tir Beursault est pratiqué essentiellement dans le Pays d'arc, c'est-à-dire la Picardie et les territoires environnants. Ce tir traditionnel est associé à des codes de bonne conduite et de courtoisie : l'archer a par exemple le devoir de saluer la compagnie avant de tirer sa première flèche.

CRÉPY-EN-VALOIS / PHOTO P.B.

La **vallée** de la **Sainte-Marie**

PR® 16

DIFFICILE

5H30 • 22KM

Des remparts de l'ancienne capitale du Valois, parcourez les vallées verdoyantes du comté où se cachent de charmantes rivières : l'Automne et la Sainte-Marie.

1 De la gare, partir vers le centre-ville, emprunter la rue de Vez à droite, puis la rue de la Hante. Passer l'église Saint-Thomas, suivre la rue Saint-Thomas de Cantherbury puis le cours du Maréchal Foch (traverser le complexe scolaire). Prendre à gauche l'avenue Gérard-de-Nerval, la traverser et suivre la sente le long du parc. Utiliser à droite la D 335 sur 200 m.

2 Après la maison n° 9, suivre la sente en face à gauche, la route à gauche, puis la route à droite et, à la sortie de Mermont, la route à gauche. Elle devient rectiligne (nord) et, après un croisement, descend à droite. Rester à droite pour franchir le vallon et, après la ferme, continuer à gauche. Traverser Morcourt par la rue du Moulin puis la route de Bethancourt. Poursuivre tout droit (nord) jusqu'au moulin.

3 Continuer à gauche (GR® 11 B) et, dans le virage, monter tout droit par le chemin. Prendre le chemin à droite *(en balcon sur la vallée de l'Automne)*. Il mène à l'église de Béthancourt.

4 Monter par la rue à gauche, traverser la D 332 *(prudence)* et continuer tout droit par la route.

5 Poursuivre tout droit. Avant la descente et le virage, suivre la sente à gauche puis la route. À l'entrée de Glaignes, s'engager sur le chemin à gauche. Il domine la vallée de la Sainte-Marie. Rester à niveau, puis descendre et, tout droit, traverser Magneval.

6 S'engager dans l'allée à gauche, prendre à droite à travers le bois et parcourir le rebord du plateau. À la propriété au porche de pierre, tourner à gauche, puis suivre le chemin à droite. Emprunter la D 332 à droite, puis la D 116 à droite sur 30 m. Prendre à gauche, franchir tout droit le vallon des Tallandiers et monter vers Crépy-en-Valois.

7 Descendre à droite vers le pied des remparts, poursuivre entre les jardins et longer le vallon par le chemin. Prendre la D 116E à gauche *(prudence)* et arriver à l'entrée de Duvy.

8 Continuer tout droit par la route, quitter le GR® passer sous le pont à gauche et, après l'église, tourner à gauche. La route vire à droite et traverse le plateau. Poursuivre tout droit dans le lotissement par la rue Saint- Sulpice, la rue Pierre-et-Marie-Curie, descendre par la 4e rue à gauche, puis entrer dans le parc municipal Saint-Agathe à droite. Emprunter la N 324 à gauche et regagner la gare.

S SITUATION
Crépy-en-Valois,
à 25 km à l'est de Senlis
par la N 324

P PARKING
gare SNCF

/ DÉNIVELÉE
altitude mini et maxi,
dénivelée cumulée à la
montée

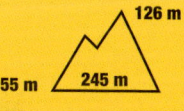

B BALISAGE
jaune

À DÉCOUVRIR...

> **En chemin :**
• Crépy-en-Valois : ancienne forteresse des comtes de Valois XIIIe (musées de l'Art Sacré et de l'Archerie), ancienne église Saint-Thomas XIIIe, église Saint-Denis, vestiges de l'abbaye Saint-Arnoul (musée des Traditions Populaires)
• Béthancourt-en-Valois : église XIIe-XVIe
• Duvy : église (portail et clocher XIIe)

> **Dans la région :**
• circuit des Clochers de la vallée de l'Automne château de Vez
• Villers-Cotterets : château Renaissance, musée Alexandre Dumas
• forêt domaniale de Retz

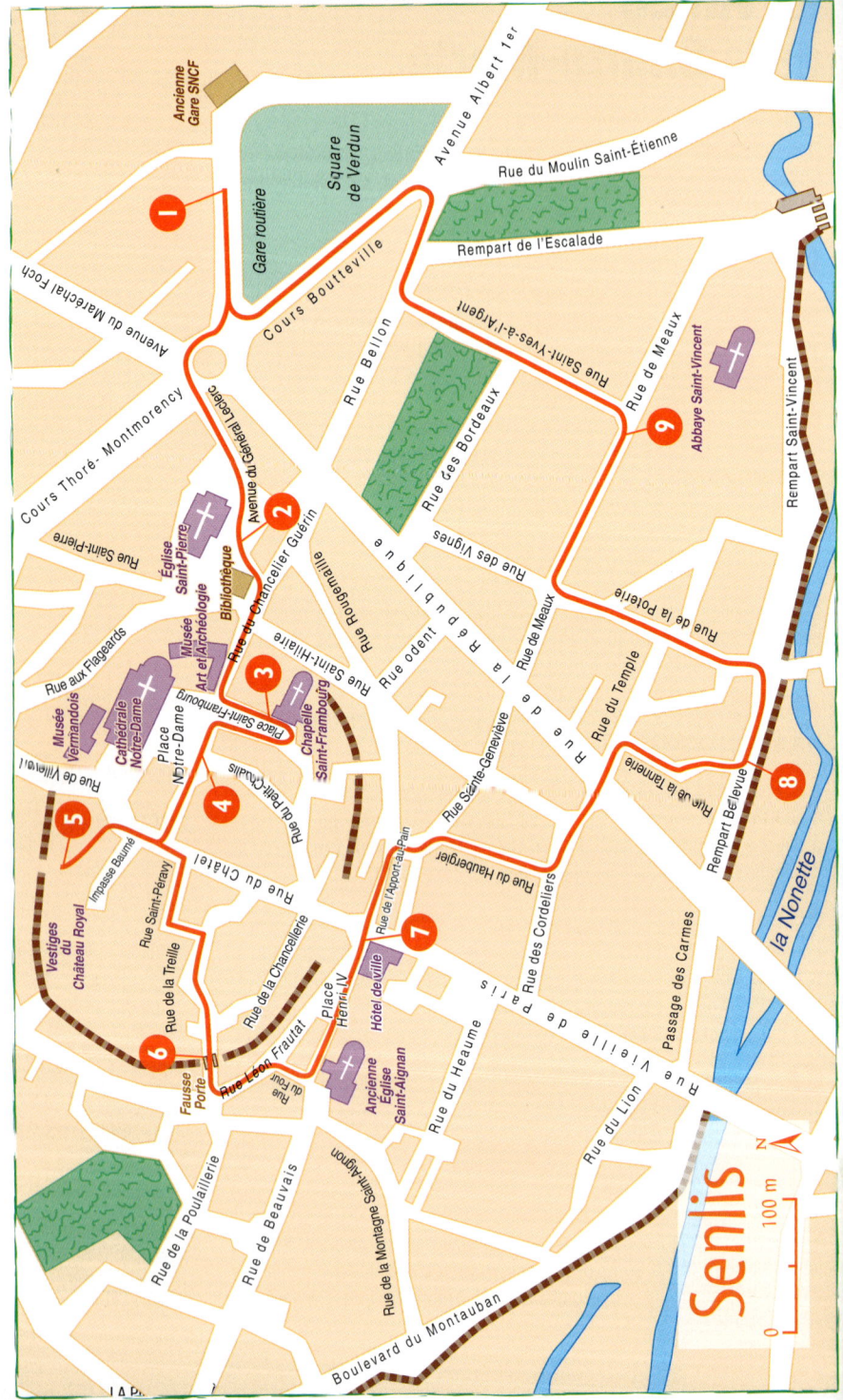

© Fédération Française de la Randonnée Pédestre - Reproduction interdite (réalisation : Noël Blotti)

Senlis

Ancienne Gare SNCF

Avenue Albert 1er

Rue du Moulin Saint-Étienne

Square de Verdun

Gare routière

Rempart de l'Escalade

Cours Boutteville

Rue du Maréchal Foch

Rue Bellon

Rue Saint-Yves-à-l'Argent

Rue de Meaux

Abbaye Saint-Vincent

Cours Thoré - Montmorency

Avenue du Général Leclerc

Rue des Bordeaux

Rue Saint-Pierre

Église Saint-Pierre

Bibliothèque

Rue du Chancelier Guérin

Rue des Vignes

Rempart Saint-Vincent

Rue Rougemaille

Rue de la Poterie

Musée d'Art et d'Archéologie

Rue Saint-Hilaire

Rue Odent

Rue de Meaux

Rue du Temple

Rue aux Flageards

Place Saint-Frambourg

Rue de la République

Musée de la Vénerie

Cathédrale Notre-Dame

Place Notre-Dame

Chapelle Saint-Frambourg

Rue de la Tannerie

Rempart Bellevue

Rue de Villevert

Rue du Petit-Chaalis

Rue Sainte-Geneviève

la Nonette

Vestiges du Château Royal

Impasse Baumé

Rue Saint-Péravy

Rue du Châtel

Rue de l'Apport-au-Pain

Rue du Haubergier

Rue des Cordeliers

Rue de la Treille

Rue de la Chancellerie

Place Henri-IV

Hôtel de ville

Passage des Carmes

Fausse Porte

Rue Léon Fraulat

Rue du Four

Ancienne Église Saint-Aignan

Rue du Heaume

Rue Vieille de Paris

Rue de la Poulaillerie

Rue de Beauvais

Rue de la Montagne Saint-Aignon

Rue du Lion

Boulevard du Montauban

N

100 m

0

Senlis, ville royale

Ville d'art, Senlis offre une promenade à travers deux mille ans d'architecture et d'histoire.

De la **gare routière** ❶, prendre la direction du centre-ville, passer le rond-point du Cerf et emprunter l'avenue du Général-Leclerc vers l'ancienne **église Saint-Pierre** ❷.

Devant l'église, se diriger à gauche, emprunter la rue du Chancelier-Guérin et arriver sur la place Saint-Frambourg. En contrebas se trouve la **chapelle Saint-Frambourg** ❸, à droite la **cathédrale Notre-Dame** ❹ *(ouverture de 9h à 19h)*.

Traverser le parvis Notre-Dame *(office de tourisme en face)* et longer le parc *(vestiges du **château Royal** ❺ et l'enceinte gallo-romaine)*.

Laisser l'impasse Baumé à droite et descendre la rue du Châtel. Emprunter à droite la rue Saint-Péravy qui vire à gauche, puis la rue de la Treille à droite et franchir la muraille par la **« Fausse Porte »** ❻.

Emprunter la rue Léon-Fautrat à gauche, la rue du Four à droite *(ancienne église Saint-Aignan)*, puis tourner à gauche et déboucher sur la place Henri IV, où se trouve l'**hôtel de ville** ❼.

Poursuivre tout droit par la rue de l'Apport-au-Pain, traverser la petite place à droite, puis emprunter la rue du Haubergier à droite. Au bout, prendre la rue des Cordeliers à gauche. Traverser la rue de la République pour entrer dans le quartier Saint-Vincent.

Tourner à droite dans la rue de la Tannerie, longer les **remparts** ❽, puis s'engager dans la rue de la Poterne à gauche. Prendre la troisième rue à droite (rue de Meaux) pour atteindre l'entrée de l'**abbaye Saint-Vincent** ❾.

Prendre la rue Saint-Yves-à-l'Argent en face, la rue Bellon à droite, puis tourner à gauche et retrouver le rond-point du Cerf. Virer à droite pour revenir à la **gare routière**.

VESTIGES DU VIEUX SENLIS / PHOTO P.B.

PR® 17

TRÈS FACILE

1H15 • 2,5KM

S SITUATION
Senlis, à 33 km au sud de Compiègne par la D 932

P PARKING
gare routière

B BALISAGE
non balisé

À DÉCOUVRIR...

> En chemin :
• église Saint-Pierre XIe-XVIe, chapelle Saint-Frambourg Xe-XIIIe, cathédrale Notre-Dame, musée d'Art et d'Archéologie (ancien palais épiscopal), parc (vestiges du château royal XIIe, et enceinte gallo-romaine IIIe), maisons à colombages XVIe, prieuré Saint-Maurice, ancien couvent XVe, hôtel de ville XVe, hôtels particuliers XVIe-XVIIIe, ancienne abbaye Saint-Vincent XIe-XVIIe

> Dans la région :
• Senlis : quatre promenades au départ de l'office de tourisme, musée de l'hôtel Vermandois, musée de la Vénerie, musée des Spahis • Parc naturel régional Oise-Pays de France • forêts d'Halatte, d'Ermenonville et de Chantilly • Chantilly : abbaye royale de chaalis, Ermenonville

CATHÉDRALE DE SENLIS / PHOTO P.B.

SENLIS, VILLE ROYALE

Située au cœur d'un environnement protégé, celui du Parc naturel régional Oise-Pays de France, l'architecture de la ville de Senlis garde l'empreinte de son histoire : les rois de France y ont séjourné et les forêts environnantes ont été un terrain de prédilection pour ces amateurs de chasse.

Près de cent mille personnes apprécient, chaque année, les ruelles pittoresques et les monuments de la ville : arènes gallo-romaines, fortifications, vestiges du château royal, cathédrale Notre-Dame, églises et prieurés, hôtels particuliers… La visite de Senlis offre également l'occasion de découvrir de nombreux musées thématiques : musée de la vénerie, musée d'art et d'archéologie (ancien palais épiscopal), musée des Spahis, musée de l'hôtel Vermandois.

Les « rendez-vous de septembre », organisés tous les deux ans, permettent aux piétons de découvrir les facettes méconnues de la ville.

VESTIGE DE L'ENCEINTE
GALLO-ROMAINE /
PHOTO P.B.

PATRIMOINE BÂTI
CRÉPY-EN-VALOIS,
CAPITALE DES COMTES ET DUCS DE VALOIS

Surgissant entre deux vallons verdoyants, dans une région chère à Gérard de Nerval et qui inspira Corot, Crépy-en-Valois porte le témoignage de la grandeur et de l'éclat d'un riche passé. La ville Crépy-en-Valois possède le privilège rare d'avoir légué son nom à une dynastie royale. De 1328 à 1589, et pendant près de 250 ans, de Philippe VI de Valois à Henri III, 13 rois de France ont porté le nom de Valois.

Le long des rues anciennes bordées de coquets hôtels à pignon, de maisons à tourelles aux portes sculptées, le promeneur découvre le charme délicat de l'ancienne capitale des Valois, ceinte de remparts. Le vieux château des ducs de Valois lui ouvre ses portes pour pénétrer l'univers de l'art sacré et de l'archerie. Créé au cœur du Pays d'Arc en 1949, le musée de l'Archerie est unique en Europe par la variété de ses collections. Le visiteur y découvre aussi bien les traditions des compagnies d'arc que l'évolution du matériel de compétition et les techniques de fabrication des arcs.

PATRIMOINE BÂTI
LA VALLÉE DE L'AUTOMNE

EGLISE DE MORIENVAL / PHOTO P.B.

riche lié à un patrimoine architectural et historique remarquable.

De Villers-Cotterêts à Verberie : donjons, abbayes, églises romanes et gothiques, chapelles, manoirs, châteaux, moulins, fermes fortifiées, ruines gallo-romaines s'égrènent en chapelets au fil de l'Automne et de ses affluents. Vez, Coyolles, Lieu-Restauré, Morienval, Champlieu sont

Située à proximité du plateau du Valois, berceau de l'histoire de France, et de majestueuses forêts de Compiègne et de Retz, cette vallée est l'une des plus exceptionnelles de l'Oise. Sa grande originalité réside dans son patrimoine écologique très

parmi les plus renommés. En septembre, la manifestation des « trente-cinq clochers en vallée de l'Automne » invite les amateurs d'histoire, d'art et de vieilles pierres à découvrir les beautés et richesses des églises.

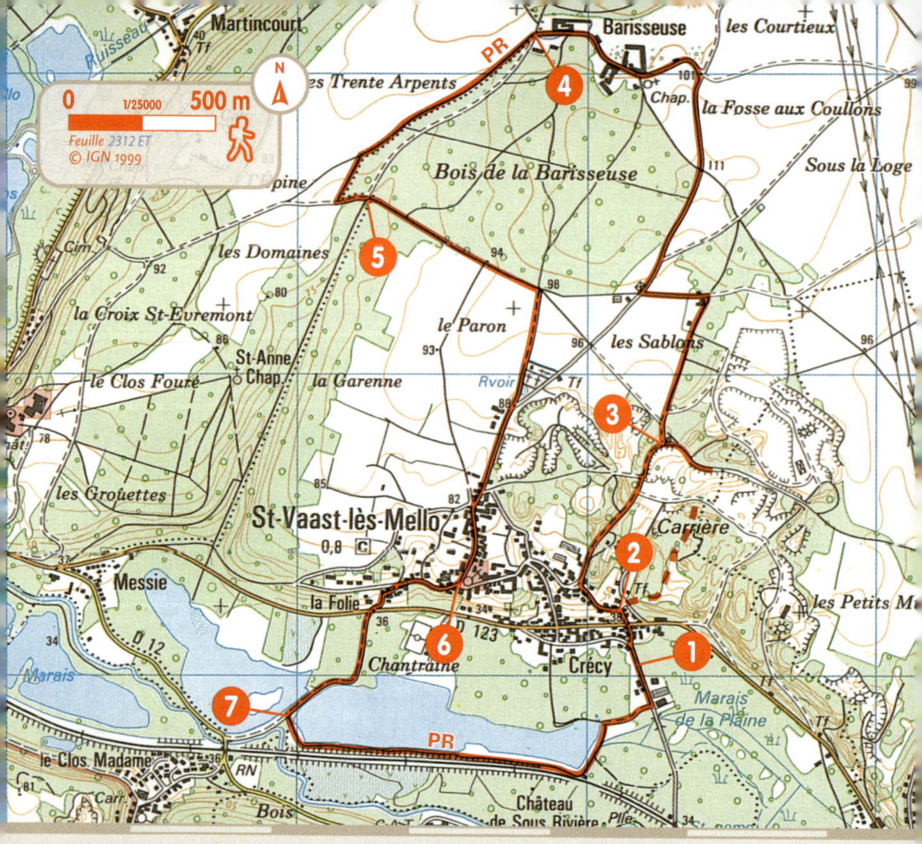

CHAMPIGNONS /
DESSIN N.L.G.

ÉCONOMIE

LE CHAMPIGNON DE PARIS

La culture du champignon de couche ou de Paris est d'origine française et date de la fin du XVIIᵉ siècle. Depuis, sa production s'est fortement améliorée. Le substrat est du fumier de cheval ou un compost organique fabriqué. Après fermentation et retournement, le compost est traité en tas ou en caisses, moulé avec du « blanc » (mycélium) produit en laboratoire, puis déposé dans d'anciennes carrières souterraines de calcaires. La température est de 16 °C, avec une humidité saturée et une bonne aération. C'est le champignon le plus cultivé dans le monde. La production mondiale dépasse les 1 400 000 tonnes dont 300 000 en France.

La **randonnée** des **Carrières**

PR® **18**

FACILE

2H50 • 8,5KM

Partez à la découverte des carrières de pierre de taille, richesse de la région, qui jalonneront votre randonnée.

GRENOUILLE VERTE / DESSIN F.E.

❶ Du parking, monter par la route de Cramoisy à gauche, traverser la D 123, prendre la rue en face et arriver à un croisement.

> Accès possible au site d'escalade des Glachoirs par la rue à droite puis le sentier en face *(600 m aller-retour)*.

❷ Monter par la rue Henri-Carballet à gauche, puis suivre la rue à droite et continuer par le chemin de la Gueule-Flageole sur 200 m. Sur le plateau, franchir l'enrochement à droite et atteindre une fourche.

❸ Se diriger à droite pour découvrir le panorama de la carrière et revenir sur ses pas.

❸ Prendre le chemin à droite (nord). Dans le virage, continuer par le chemin tout droit en lisière du bois sur 500 m, puis tourner à gauche. Emprunter la route à droite sur 1 km et passer entre les corps de ferme en pierre de taille.

❹ Au bout du hameau, prendre le chemin à gauche en lisière de bois, puis le deuxième chemin à gauche. En bas, se diriger à gauche sur 100 m.

❺ Dans le virage, monter par le chemin à droite. Continuer en lisière du bois sur 300 m, puis tourner à droite en direction du village et longer le cimetière (point d'eau). Poursuivre par la route qui traverse tout droit Saint-Vaast-lès-Mello.

❻ À l'église, descendre par la rue Ernest-Bianchi à droite puis par la rue des Fontaines à gauche *(lavoirs en étage et abreuvoir à droite)*. Traverser la D 123 *(prudence)* et continuer par le chemin sur 500 m.

❼ Tourner à gauche, contourner la barrière et longer l'étang sur 1,2 km. Prendre le chemin à droite, passer la barrière, puis suivre la route à gauche pour rejoindre le parking.

S SITUATION
Saint-Vaast-les-Mello, à 10 km à l'ouest de Creil par la D 12

P PARKING
escalade (à côté des ateliers communaux)

/ DÉNIVELÉE
altitude mini et maxi, dénivelée cumulée à la montée

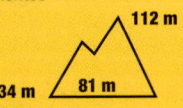

112 m

34 m / 81 m

B BALISAGE
jaune

À DÉCOUVRIR...

> En chemin :
• carrières à ciel ouvert des Glachoirs réhabilitée en site d'escalade FFME
• pelouses calcaires à orchidées (mai-juin)
• Barisseuse : chapelle Saint-Nicolas
• Saint-Vaast-les-Mello : église XIIe, lavoirs en pierre
• étang

> Dans la région :
• Saint-Maximin : maison de la Pierre
• carrières de Maysel et Cramoisy (lieux de tournage de film)
• habitats troglodytiques et carrières abandonnées
• Saint-Leu-d'Esserent : collégiale, base de loisirs

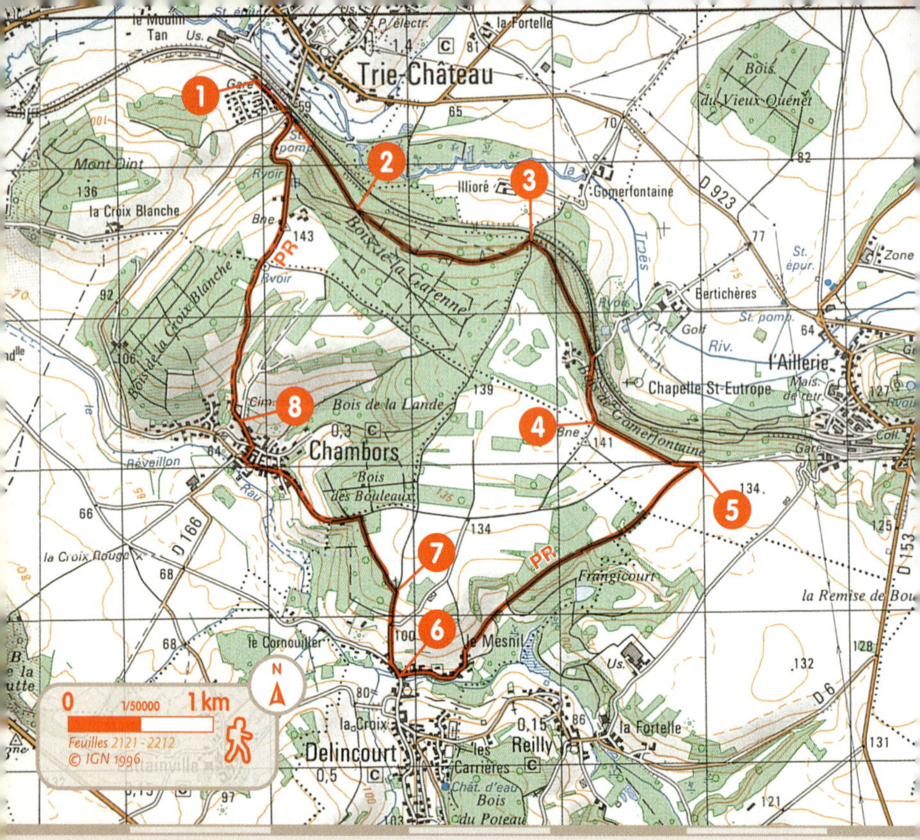

LE DOLMEN DE TRIE-CHÂTEAU

À environ 1,8 km au sud de Trie-la-Ville se dresse le dolmen de Trie-Château. Longtemps nommé « les trois pierres » parce qu'il était partiellement enfoui, le dolmen se compose en réalité de 4 dalles dont l'une est percée d'un « trou d'homme » en raison de sa taille qui permet à un homme de passer. Des fouilles menées au XIXᵉ siècle ont révélé que le dolmen était à l'origine l'antichambre d'une allée couverte qui servait de sépulture collective.

De nombreux mégalithes se trouvent encore aux alentours de Trie-Château. A seulement 250 m à l'est du dolmen, un menhir se dresse au milieu de la forêt.

Dans l'Oise se trouvent d'autres allées couvertes comme celle de la Bellée, à Boury-en-Vexin, celle de Villers-Saint-Sépulcre, appelée la « Pierre aux Fées », ou encore celle de Champignol dans la forêt de Thelle.

DOLMEN / PHOTO E.V.E.B.

La **boucle** des **Dolmens**

Dans le décor vallonné du Vexin, cette promenade de village en village réserve bien des surprises aux amateurs de mégalithes.

1 De la gare, aller vers le pont de chemin de fer, passer sous le pont, puis s'engager à gauche sur le sentier qui entre dans le bois de la Garenne.

2 Au carrefour, suivre le sentier du milieu. Passer à gauche du dolmen, puis à droite du menhir.

3 Au niveau du pont de chemin de fer, passer devant la borne du chemin de Saint-Jacques-de-Compostolle et aller tout droit. Au pont qui surplombe la voie ferrée, suivre la route à droite et longer le golf de Bertichères *(point de vue sur Chaumont, Bertichères et sur tout le plateau situé entre Chaumont et La Houssoye).*

4 À la sortie du golf, au croisement, obliquer à gauche en lisière du bois de Gomerfontaine, puis continuer à gauche par la route sur 300 m.

5 Prendre le sentier à droite *(avant le bosquet, pierres droites à droite du sentier).* Il traverse un bois. Au carrefour, aller à gauche vers Le Mesnil, puis suivre la route qui longe un petit ru dévié et gagner le carrefour.

> À gauche, accès au centre de Delincourt.

6 Emprunter la route à droite sur 200 m. À la croix Guérin, partir à droite *(chemin de Saint-Jacques).* Quitter la route et continuer tout droit.

7 Au calvaire, bifurquer à gauche. Au carrefour, virer à gauche *(vue sur Chambors, Lattainville et la cascade du Réveillon)* et descendre à Chambors. Par la rue principale, gagner l'église, prendre la rue à droite, puis longer le corps de ferme à gauche.

8 Au cimetière, bifurquer à gauche et continuer par le chemin. Passer le réservoir et poursuivre par la route *(dans le virage, vue sur Trie-Château).* Descendre au pont, puis retrouver la gare à gauche.

ORVET / DESSIN F.E.

SITUATION
Trie-Château, à 30 km au sud-ouest de Beauvais par la D 981 (direction Gisors)

PARKING
gare SNCF

DÉNIVELÉE
altitude mini et maxi, dénivelée cumulée à la montée

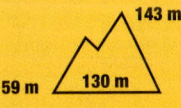

143 m

59 m | 130 m

BALISAGE
jaune

À DÉCOUVRIR...

> En chemin :
• Trie-Château : hôtel de ville XIIᵉ, porte fortifiée, château XIᵉ-XVIIᵉ, église (portail XIIᵉ roman fleuri), rouissage du lin, tannerie
• dolmen et menhir
• Delincourt : village typique, église XIᵉ-XIIIᵉ
• Chambors : église XVIIIᵉ, lavoir

> Dans la région :
• Gisors (Eure) : château-fort, église Saint-Gervais-Saint-Protais XIIᵉ
• Reilly : église XIIᵉ-XIVᵉ

GÉOLOGIE

LA BOUTONNIÈRE DE BRAY

Cette expression évoque le souvenir de cours de géographie où se mêlaient la description de paysages bocagers et les coupes géologiques. Cette région d'élevage se démarque des zones céréalières du Vexin, du plateau picard et du Pays de Caux. Elle tire son nom de l'aspect qu'elle revêt vue du ciel. Les mouvements de l'écorce terrestre à l'époque tertiaire combinés à l'érosion ont donné naissance à une formation géologique « en creux », relativement rare. C'est ainsi que sur une distance de 12 à 15 km dans une direction sud-ouest/nord-est, on traverse neuf couches géologiques différentes s'étendant sur plus de 80 millions d'années. Le panorama offert du haut de ces plissements de terrain érodés est exceptionnel. La table d'orientation des Neuf-Fresnes située à La Landelle en offre un exemple.

La **boutonnière** du **Pays** de **Bray**

Ce parcours permet de découvrir le calme et la fraîcheur de la forêt de Thelle avant d'embrasser un vaste panorama sur le pays de Bray du haut d'une *cuesta* célèbre auprès des géographes du monde entier.

1 Du parking, descendre par la rue à gauche *(point de vue sur l'église)*, puis s'engager sur le chemin à droite. Il descend et arrive à l'orée de la forêt de Thelle. Poursuivre à gauche, puis emprunter la voie à droite sur 150 m et atteindre une fourche.

2 Monter par le chemin à droite. Il serpente et mène au carrefour du Coudray.

3 Poursuivre à droite (nord-ouest) par la route du Coudray. Elle conduit au carrefour Saint-Germer. Emprunter la route des Routis à gauche et arriver près de la lisière. Descendre par le chemin à gauche, en lisière sur 2 km et gagner le carrefour des Sapins.

4 Tourner à gauche et longer la parcelle de conifères. Le large chemin remonte la vallée Surelle et rejoint la fourche de l'aller.

2 Poursuivre tout droit sur 150 m, puis monter par la route à droite et arriver à l'entrée de La Petite-Landelle. Après la mare, emprunter la D 22 à droite *(prudence)*, puis virer à gauche sur le chemin en lisière. Traverser la D 153.

5 Prendre le chemin à gauche, entre pâtures et bois, puis entrer à droite dans le bois et bifurquer à gauche. Continuer en direction du château d'eau. Emprunter la D 129 à gauche sur 50 m, puis la route à droite. Dans le virage, poursuivre tout droit par le chemin. Il tourne en angle droit *(panorama)*. Utiliser la large voie à gauche pour revenir vers le village.

6 Emprunter la D 22 à gauche et la D 129 à droite pour retrouver l'église.

CANARD COLVERT / DESSIN F.E.

PR® 20

MOYEN

3H45 • 15KM

S SITUATION
Lalandelle, à 20 km à l'ouest de Beauvais par les N 31 et D 22

P PARKING
église

/ DÉNIVELÉE
altitude mini et maxi, dénivelée cumulée à la montée

232 m
139 m / 181 m

B BALISAGE
1 à 3 > blanc-rouge
3 à 6 > jaune
6 à 1 > blanc-rouge

À DÉCOUVRIR...

> **En chemin :**
• Lalandelle : église XIXᵉ (vitraux retraçant la vie de sainte Thérèse)
• forêt domaniale de Thelle
• panorama sur la boutonnière du pays de Bray

> **Dans la région :**
• côte Sainte-Hélène (réserve naturelle régionale)
• Saint-Germer-de-Fly : abbatiale XIᵉ-XIIᵉ
• Lachapelle-aux-Pots : musée de la Poterie

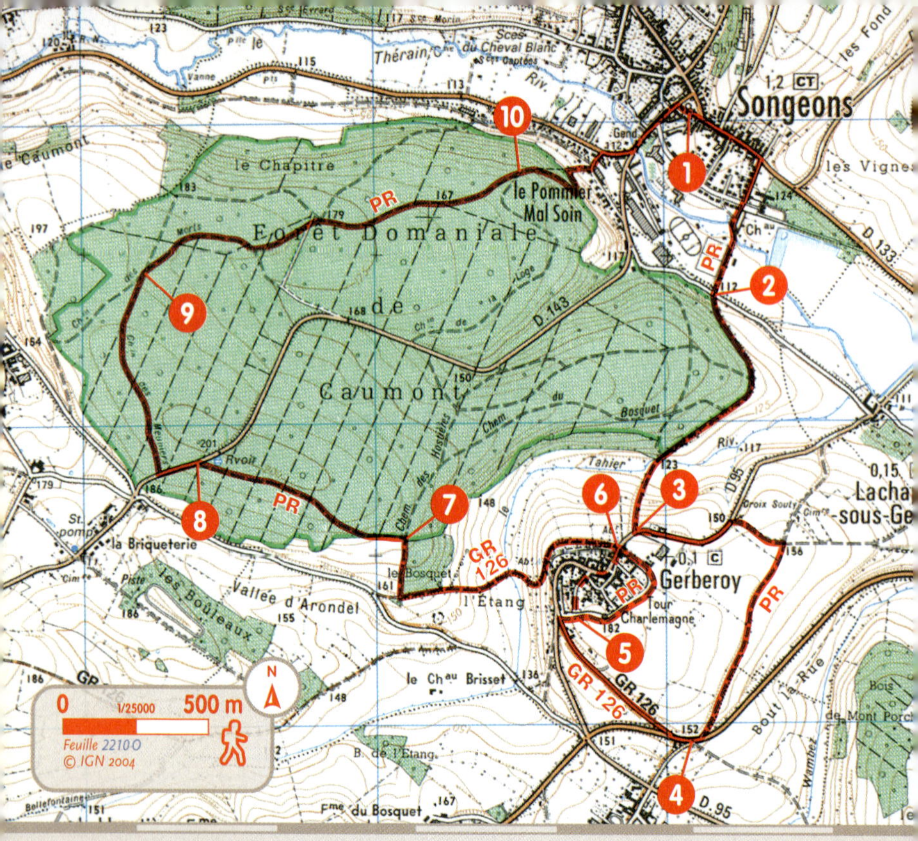

LE VILLAGE DE GERBEROY

Gerberoy, ancienne ville fortifiée, appartient au cercle très fermé des « cent plus beaux villages de France ». Il fait bon y flâner et découvrir le long de ses rues pavées et fleuries le charme des maisons à pans de bois des XVIIᵉ et XVIIIᵉ siècles ainsi que sa collégiale du XVᵉ siècle. Village-musée, c'est l'une des plus petites villes de France, titre qui lui fut octroyé, en 1202, par Philippe Auguste. Elle reçu par ailleurs de nombreux personnages célèbres tels que Guillaume le Conquérant, Henri IV et Louis XIII. Village-jardin, Gerberoy célèbre depuis plus de 75 ans la rose au cours d'une fête qui se tient le troisième week-end de juin. C'est l'occasion de découvrir le jardin italien conçu par le peintre Henri Le Sidaner.

MAISONS À PANS DE BOIS / PHOTO D.G./CDTO

Découverte de **Gerberoy**

Verte comme la Picardie, l'Oise ici, côtoie la Normandie. Elle lui emprunte ses bocages plantés de pommiers et la douceur de ses vallons. La vie rurale y est reine et les randonneurs auront le loisir de cheminer dans l'un des plus beaux villages de France, Gerberoy.

BERGERONNETTE PRINTANIÈRE / DESSIN F.E.

1 De l'église de Songeons, prendre la direction de Beauvais puis obliquer à droite en direction du château de Songeons. Poursuivre tout droit et franchir le pont.

2 Suivre le sentier en lisière de bois *(beau point de vue sur Gerberoy)*.

3 Au sommet de la côte, emprunter la D 95 vers la gauche puis, au calvaire, obliquer à droite. Tourner à nouveau à droite à proximité du cimetière.

4 Emprunter la D 930 à droite *(prudence !)*, puis s'engager sur un chemin à droite.

5 En atteignant les premières habitations de Gerberoy, prendre le sentier qui part sur la droite et fait le tour du village.

6 Traverser la D 95, emprunter le sentier qui part en contrebas sur la droite puis prendre le passage à gué et continuer tout droit dans la forêt domaniale de Caumont.

7 Au sommet de la côte, prendre à droite puis, au carrefour, obliquer à gauche.

8 Au niveau de la D 143, prendre à gauche puis emprunter le sentier à droite qui s'enfonce dans la forêt *(point de vue sur le village de Buicourt)*.

9 Emprunter le chemin principal, à droite.

10 Obliquer à droite puis à gauche pour descendre sur Songeons.

S SITUATION
Songeons, à 27 km de Beauvais par la D 901 puis la D 133

P PARKING
place de l'église ou à proximité de la halle

/ DÉNIVELÉE
altitude mini et maxi, dénivelée cumulée à la montée

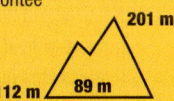

201 m

112 m — 89 m

B BALISAGE
1 à 4 > jaune
4 à 5 > blanc-rouge
5 à 6 > jaune
6 à 7 > blanc-rouge
7 à 1 > jaune

À DÉCOUVRIR...

> **En chemin :**
• Gerberoy : musée Le Sidaner, hôtel de ville XVIIIᵉ, maison bleue, ruines de l'ancienne forteresse
• Songeons : halle classée et château
• source de Buicourt

> **Dans la région :**
• moulin de Roy-Boissy, hameau de Lannoy
• halle de Crillon
• prieuré de Saint-Arnoult
• musée de la Poterie de Lachapelle-aux-Pots
• conservatoire de la vie rurale et agricole d'Hétomesnil
• Grémevillers et Senantes : production de tomes au foin et au cidre
• Haincourt : Jean-Luc Noël, potier • Gerberoy : M. Heveraet, peintre, galerie ouverte le week-end • Hannaches : Pascal Bruandet, sculpteur

LA TABLETTERIE EN PAYS DE THELLE

La fabrication de brosses et le travail de la nacre représentent des activités traditionnelles isariennes. Si la première brosse à dents française a vu le jour dans l'Oise en 1814, l'activité brossière reste d'actualité avec cinq brosseries en activité dans notre département. Le moulin-musée de Saint-Félix présente la brosserie de toilette (brosses à cheveux, à dents, à ongles, à habits…) dans d'anciens ateliers qui ont conservé tout leur cachet. Des démonstrations et des ateliers d'initiation permettent d'apprécier la dextérité nécessaire à la fabrication de ces objets montés à la main. Le musée de la Nacre, quant à lui, est situé dans une ancienne usine de Méru. Dès le XVIIe siècle, les tabletiers de la région fabriquaient pour les grossistes parisiens des objets de luxe (éventails, boutons, dominos, accessoires de toilette, couverts de table…). Vous pourrez assister aux différentes étapes de la fabrication d'un bouton de nacre ou d'un domino, ou encore y admirer une collection unique d'éventails.

BEAUVAIS ET LE PAYS DE BRAY, TERRE DE TRADITION POTIÈRE

La richesse naturelle des affleurements d'argile attire les potiers dès l'époque gallo romaine. Au XVIe siècle, cet art est reconnu par la qualité des terres cuites vernissées et des grès salés produits. Si la production de grès domestiques (pichets, cruches, bouteilles, saloirs…) se prolonge jusqu'à la fin du XIXe siècle, la céramique connaît dès 1850 un nouveau développement avec, à la fois, les manufactures céramiques et l'industrie du bâtiment.

Le musée de la Poterie à Lachapelle-aux-Pots retrace cette tradition avec plus de 300 pièces usuelles et artistiques. Il est dédié à trois célébrités locales, artistes en céramique, Pierre Pissaref, Auguste Delaherche et André Bouché. Ce savoir-faire est actuellement relayé par des potiers contemporains, installés à Saint-Paul, Savignies, Warluis, Ponchon, Haincourt…

Beauvais, chef-lieu de l'Oise, peut s'enorgueillir de posséder de nombreux témoignages des céramiques du Beauvaisis : façade de la maison Gréber au 63 rue de Calais entièrement revêtue de carreaux de grès, maisons de l'avenue Victor-Hugo, du boulevard Saint-André… ou encore plus contemporaines, les réalisations de J.-M. Savary à la gare ferroviaire.

POTERIE / PHOTO CRT/D.C.

SAINT-GERMER-DE-FLY, ABBAYE ET ÉGLISE

L'abbaye bénédictine de Saint-Germer-de-Fly fut fondée en 660. Après une vie mondaine, Germer, noble normand des environs, résolut de créer un monastère pour finir ses jours. Après trois nuits de prières, une nuée lui indiqua, sur une terre inculte de Fly, les contours du monastère. Ses restes furent transportés à Beauvais, au temps des Normands. Plus tard, le retour du bras de saint Germer attira les pèlerins et les moines décidèrent de construire une grande et belle église.

L'ensemble architectural de l'église et de la chapelle qui la prolonge à l'est se développe sur une longueur de près de cent mètres. L'église principale, commencée vers 1150, fut terminée à la fin du XIIe siècle. La chapelle gothique est la copie conforme, en plus faible dimension, de la Sainte Chapelle de Paris.

MÉSANGE NONNETTE / DESSIN F.E.

ABBAYE DE SAINT-GERMER-DE-FLY / PHOTO P.B.

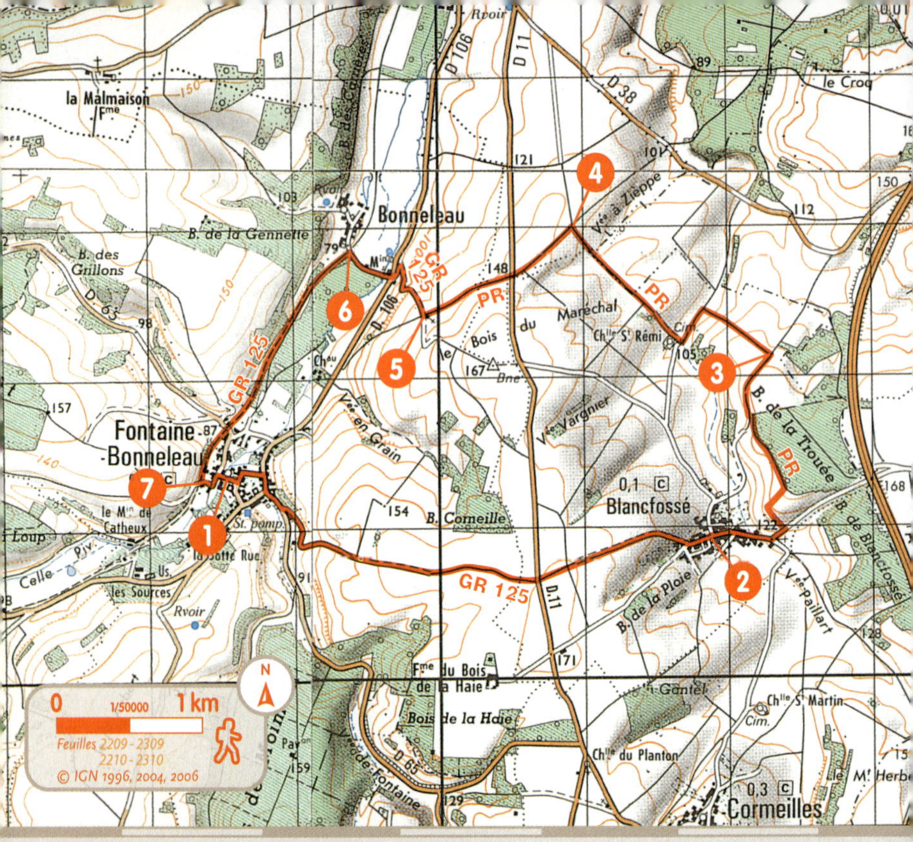

LA COULÉE VERTE

Elle emprunte l'ancienne ligne de chemin de fer reliant Montsoult à Amiens. Cette voie ferrée fut construite à partir de 1875 par la Compagnie anonyme des chemins de fer du Nord. Vital entre les deux guerres pour le transport des marchandises (tissus, produits laitiers, eau, machines agricoles…), le chemin de fer est rapidement abandonné au profit de la route. Aujourd'hui, ce délaissé ferroviaire est aménagé sur 12 kilomètres, et neuf circuits s'y rattachent. Cette heureuse reconversion favorise la découverte des paysages et des villages de la vallée de la Celle. Les ornithologues pourront se munir de jumelles : la bondrée apivore, le pouillot siffleur, entre autres espèces, nichent à proximité.

LA COULÉE VERTE / PHOTO P.B.

Le **Jura**

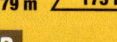

Rien de plus agréable que de musarder sur l'un des sentiers qui s'offrent au départ de la Coulée Verte, appréciable tant en été pour la fraîcheur du couloir arboré aménagé sur cet ancienne voie ferrée qu'en hiver pour les panoramas offerts.

1 De la place de la Mairie, partir vers le monument aux morts, tourner à gauche, puis à droite, puis prendre la D 106 à droite et continuer en direction de Breteuil. Au calvaire, monter par la route à gauche. Elle se prolonge en chemin et traverse le plateau. Couper la D 11 et poursuivre par le chemin en face. Il descend dans Blancfossé.

2 Dans le village, continuer tout droit, passer un premier puits tournant, la mare, la mairie et le deuxième puits tournant. Prendre la route à gauche, puis monter par le chemin à gauche. Il longe le bois de la Trouée. À la corne, poursuivre tout droit par le chemin.

3 Prendre le chemin à gauche. En bas, tourner à gauche et arriver à la chapelle Saint-Rémi. Monter par le chemin à droite sur 1 km.

4 À la croisée, tourner à gauche. Couper la D 11 *(panorama sur la vallée de la Celle)* et descendre par le chemin en face.

5 Au calvaire, descendre par le chemin à droite. Traverser la D 106 et continuer par la route qui franchit la vallée et dessert Bonneleau.

6 À l'ancien passage à niveau *(ancien arrêt de Bonneleau)*, emprunter la coulée verte à gauche. Elle conduit à l'ancien passage à niveau de Fontaine-Bonneleau.

7 Prendre la route à gauche, tourner à droite et retrouver la place de la Mairie.

FOULQUE / DESSIN F.E.

S **SITUATION**
Fontaine-Bonneleau, à 30 km au nord de Beauvais par les D 149 et D 106 (à Crèvecœur-le-Grand)

P **PARKING**
place de la Mairie

/ **DÉNIVELÉE**
altitude mini et maxi, dénivelée cumulée à la montée

170 m

79 m 173 m

B **BALISAGE**
1 à 2 > blanc-rouge
2 à 5 > jaune
5 à 6 > blanc-rouge
6 à 7 > non balisé
7 à 1 > blanc-rouge

À DÉCOUVRIR...

> **En chemin :**
• Blancfossé : puits tournants
• chapelle Saint-Rémi
• panorama
• coulée verte
• Fontaine-Bonneleau : statue et fontaine Saint-Cyr

> **Dans la région :**
• Hétomesnil : conservatoire de la Vie Rurale et Agricole
• Vendeuil-Caply : site archéologique gallo-romain et théâtre antique
• Breteuil : chapelle XIIᵉ, abbaye XIIᵉ-XVIᵉ
• Crèvecœur-le-Grand : mairie (château XVᵉ, salle François 1ᵉʳ), église XVIᵉ, hôtel de l'Ecu XVIIᵉ

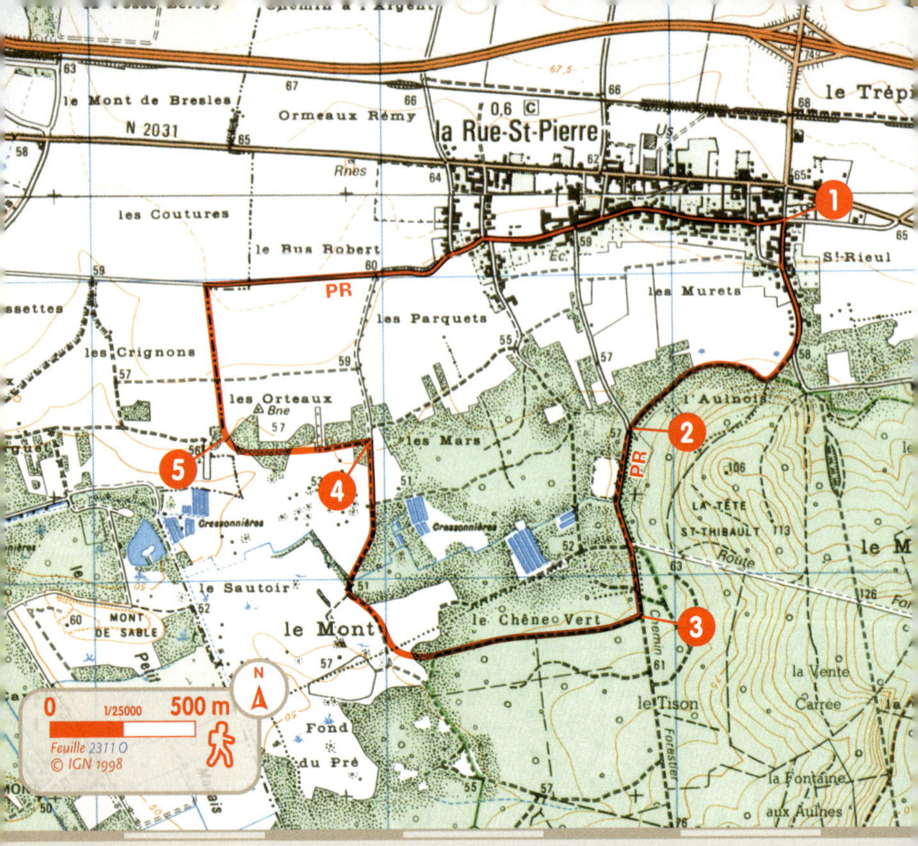

le Mont de Bresles
Ormeaux Rémy
N 2031
la Rue-St-Pierre
0.6 C

les Coutures
le Bus Robert
St-Rieul
PR
les Murets
les Parquets
les Crignons
l'Aulnois
les Orteaux
Bne
les Mars
la Tête
St-Thibault 113
Cressonnières
Cressonnières
le Mont
le Sautoir
le Chêne Vert
MONT DE SABLE
Fond du Pré
la Vente Carrée
le Tison
la Fontaine aux Aulnes

0   1/25000   500 m
Feuille 2311 O
© IGN 1998
N

ÉCONOMIE

LE CRESSON DE BRESLES

La culture du cresson de fontaine nécessite des eaux de grande qualité et beaucoup de main-d'œuvre, la mécanisation restant restreinte. Introduite en 1811 dans la vallée de la Nonnette (Senlis), la cressiculture est à son apogée au début du XXe siècle ; en 1909, les statistiques agricoles départementales mentionnent 1380 fosses à cresson. Malgré la disparition de la plupart d'entre elles, l'Oise reste le 2e producteur de France, grâce aux cressonnières de Bresles, seul terroir capable de rivaliser, avec Méreville dans l'Essonne. Ce cresson jouit d'un prestige tout particulier aux halles de Rungis pendant la période estivale. En effet, les producteurs de l'Oise sont les seuls à s'astreindre aux contraintes des semis d'été et travaillent ainsi toute l'année.

CRESSIONNIÈRES DE M.LENZY / PHOTO A.J./ÉCOGARDE CCRB

Les **Chênes verts**

PR® 23

FACILE

2H20 • 7KM

En lisière du massif forestier de Hez-Froidmont et dans le marais boisé de La Rue-Saint-Pierre, découvrez la diversité des milieux naturels parcourus. Ils recèlent une faune et une flore d'une grande richesse.

1 De l'église, prendre la rue des Blâtriers en direction de la forêt. Après les maisons, s'engager sur le chemin à droite en bordure de pâture. Il vire à droite, passe en lisière de la forêt puis y pénètre.

2 Juste après le calvaire, emprunter le chemin forestier à gauche, passer le carrefour du Prieuré et continuer tout droit sur 200 m.

3 Prendre le sentier à droite. Il serpente sur 800 m sous couvert forestier. À l'intersection formant un triangle, se diriger à droite pour longer la clairière et entrer dans le marais boisé. Traverser le petit pont de brique, puis continuer dans le marais jusqu'à la peupleraie.

4 Avant la fin de la peupleraie, emprunter le chemin à gauche sur 150 m, puis bifurquer à gauche et pénétrer dans le sous-bois formant une longue voûte arbustive avant de poursuivre à travers le marais boisé.

5 Emprunter le chemin à droite. Il contourne le bois et mène en bordure des champs. Au bout , prendre l'allée herbeuse à gauche et continuer tout droit à travers champs. Utiliser la petite route à droite et, à l'entrée du village, poursuivre tout droit pour revenir au point de départ.

RAT MUSQUÉ / DESSIN F.E.

SITUATION
La Rue-Saint-Pierre, à 15 km à l'est de Beauvais par la N 31

PARKING
église

DÉNIVELÉE
altitude mini et maxi, dénivelée cumulée à la montée

63 m
50 m   33 m

BALISAGE
jaune

DIFFICULTÉS !
prudence en période de chasse

À DÉCOUVRIR...

> **En chemin :**
• La Rue-Saint-Pierre : église XIᵉ
• forêt de Hez–Froidmont (hêtraie-chênaie)
• marais tourbeux

> **Dans la région :**
• Bresles : cressonnières
• Bailleul-sur-Thérain : mont César (panorama et parcours de découverte), jardin fleuri de M. Davy, Saint-Félix : moulin-musée de la Brosserie
• Warluis : musée de l'Aviation

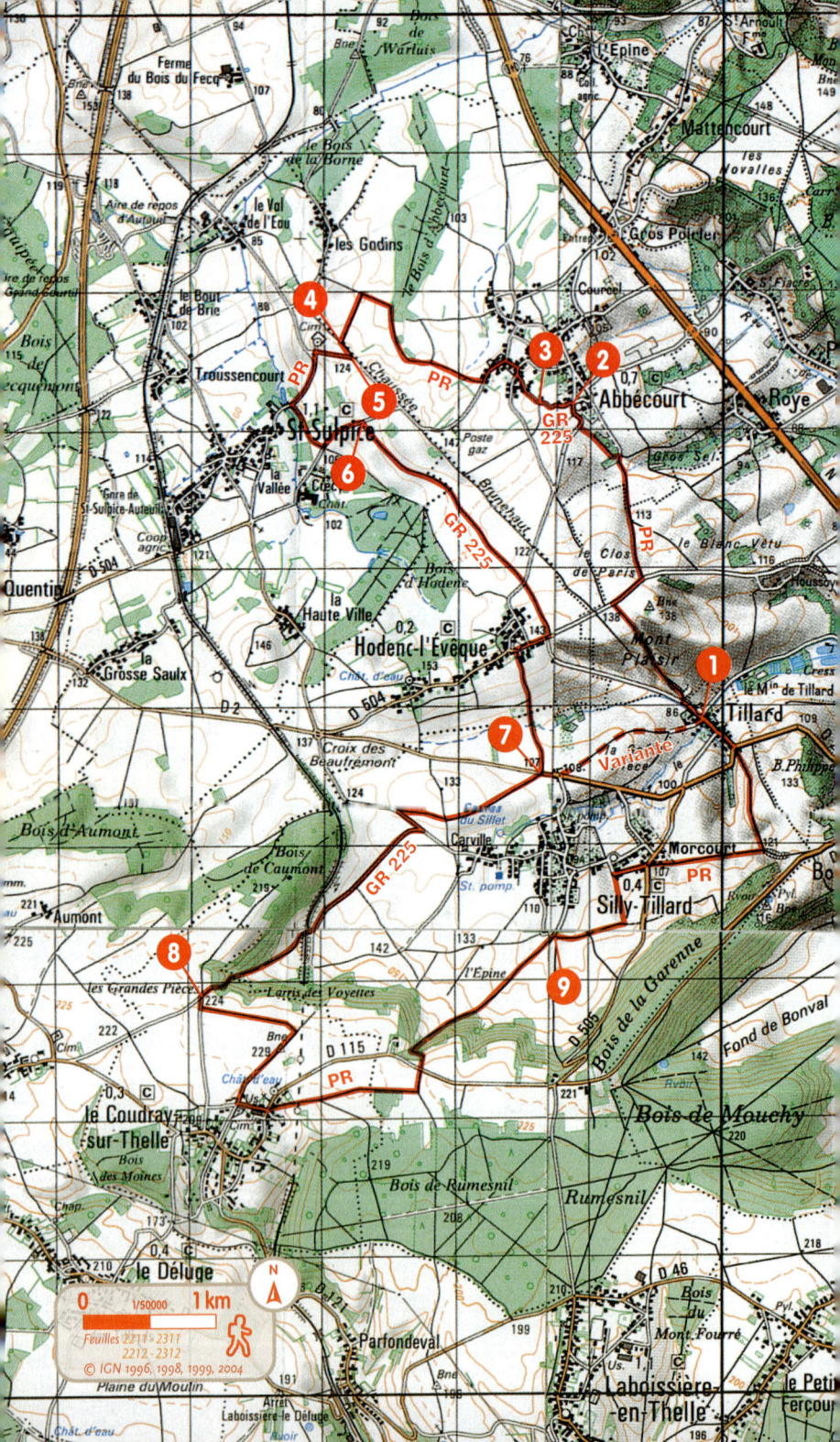

Le **grand Muid**

De la pointe sud-ouest de la boutonnière du pays de Bray, partez à la découverte de vastes panoramas et de villages au patrimoine bâti exceptionnel : Tillard et Silly-Tillard. Les amateurs de nature pourront également observer la faune et la flore typiques des larris…

1 Prendre la route en direction de Hodenc-l'Evêque. Bifurquer sur le chemin qui monte à droite. Emprunter la route à droite sur 200 m, le chemin à gauche, puis traverser le bosquet à gauche et parcourir la route à droite.

2 À l'église d'Abbecourt, suivre la route à gauche.

3 Laisser le chemin à gauche, poursuivre par la route et gagner la place du village. Au rond-point, prendre la route à gauche. Aux dernières maisons, descendre par le chemin à droite, à travers champs. Emprunter le chemin à gauche sur 200 m et déboucher sur la voie romaine.

4 La suivre à gauche sur 150 m.

5 Prendre la route à droite. Au niveau du cimetière, descendre par la route à gauche vers Saint-Sulpice. Avant le pont, emprunter la route à gauche, puis monter par la route à gauche sur 300 m.

6 S'engager sur le chemin à droite, couper la route, puis tourner à droite et gagner Hodenc-l'Evêque. À l'église, emprunter le chemin à gauche et déboucher sur la D 2.

> Circuit de 11,5 km : prendre la D 2 à gauche, le chemin à gauche et rejoindre Tillard.

7 Poursuivre par le chemin en face et passer un croisement. Emprunter la route à gauche sur 200 m, la route à droite, passer sous le pont et grimper en lisière du bois.

8 Prendre la route à gauche, le chemin à gauche, le chemin à droite et gagner Le Coudray-sur-Thelle. Emprunter la rue à gauche, couper la D 115 et continuer par le sentier qui part tout droit à travers champs. Bifurquer à gauche, virer à gauche, croiser la route et descendre. À la sortie du bois, poursuivre tout droit *(vue sur Silly-Tillard)*.

9 Au croisement, tourner à droite, puis prendre le sentier à gauche vers l'église. Dans le village, suivre la rue à droite, couper la D 505, puis emprunter le chemin à gauche. Traverser la D 2 et revenir au point de départ.

PR® 24

DIFFICILE

5H30 • 22KM

S SITUATION
Tillard, à 16 km au sud-est de Beauvais par les N 1 et D 125

P PARKING
église

/ DÉNIVELÉE
altitude mini et maxi, dénivelée cumulée à la montée

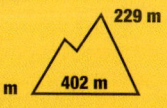

229 m
90 m / 402 m

B BALISAGE
1 à 2 > bleu
2 à 3 > blanc-rouge
3 à 4 > bleu
4 à 5 > blanc-rouge
5 à 6 > bleu
6 à 8 > blanc-rouge
8 à 1 > bleu

À DÉCOUVRIR…

> En chemin :
• Tillard : chapelle de la Chantrerie-Saint-Blaise XIVe • Saint-Sulpice : église XVIe siècle, château de Crécy XVIe
• Silly-Tillard : église Saint-Martin XIIIe-XVIe, Maxime Rivages (créations textiles)
• Le Coudray-sur-Thelle : église Saint-Maturin (châsse XIIe, vitrail 1528)

> Dans la région :
• Ponchon : pisciculture du moulin de Blainville, atelier de faïences de Sylvie Thémereau
• Corbeil-Cerf : château et jardin

LA CHAPELLE DE LA CHANTRERIE DE TILLARD

La chapelle Saint-Blaise de la chantrerie de Tillard (ancien hameau tirant son nom du tilleul) est l'un des rares exemples d'architecture gothique du début du XIVe siècle dans l'Oise. Elle est dotée d'une magnifique charpente en carène, remarquable par ses seize blochets (pièce de charpente en saillie) décorés de personnages polychromiques. Des scènes de la Genèse ornent les vitraux contemporains. L'ensemble formé par cette charmante chapelle, le petit pont de pierre du Sillet et les maisons à pans de bois du hameau, offre au promeneur l'un des paysages les plus pittoresques du pays de Thelle.

CHAPELLE DE LA CHANTRERIE DE TILLARD / PHOTO CDTO.

UN PEU D'HISTOIRE

Clermont, sous-préfecture de l'Oise

Au cœur de l'Oise, Clermont s'offre de très loin à la vue, perchée sur une colline verdoyante, d'où surgissent des monuments qui témoignent de son histoire : le donjon du XIᵉ siècle, les dernières traces de l'ancien château comtal, l'église Saint-Samson des XIIᵉ, XIVᵉ et XVIᵉ siècles et l'Hôtel-de-Ville du XVIᵉ. Du centre-ville qui a conservé sa structure médiévale, le promeneur peut découvrir la porte Nointel, vestige des anciennes fortifications.

Aux alentours s'étend la forêt de Hez, massif forestier domanial de 2 800 ha. Achetés au XIIᵉ siècle par Philippe-Auguste, les bois de Hez-Froidmont enserrent un royaume écologique. Cette forêt recèle bien des trésors : le Mont César, colline boisée culminant à 135 m réputée pour ses précieuses orchidées mais aussi pour son patrimoine archéologique, le chêne Saint-Lucien et le « chandelier à trois branches », tous deux classés « arbre remarquable », un sentier botanique et une promenade pédestre au départ de la maison forestière du Lieutenant…

GASTRONOMIE
La crème Chantilly

Jean-Michel Duda / Photo CRT/S.B.

« C'est au cours d'une promenade dans le parc du château de Chantilly que l'idée m'est venue. Plus précisément, en découvrant le hameau attenant au château, à cet endroit même où le prince de Condé venait prendre des goûters avec ses hôtes. On a tenu à faire de la crème comme ils faisaient à l'époque, c'est-à-dire avec de la crème crue. On a commencé par lancer des goûters pour proposer par la suite des repas complets à base de produits picards. Mais je suis connu surtout pour la crème Chantilly. Et ce, dans le monde entier. Des journalistes du Japon, du Canada se déplacent pour m'interviewer. Tout cela me paraît un peu démesuré parfois même si je sais qu'elle est la meilleure du monde ! Mon secret, c'est un bon produit à la base, une bonne crème fraîche même si le tour de main est un plus. Mais il faut savoir s'arrêter à temps, avant que la crème ne tourne en beurre. C'est bien sûr là toute la difficulté ! »

*Jean-Michel Duda,
ambassadeur de la crème Chantilly*

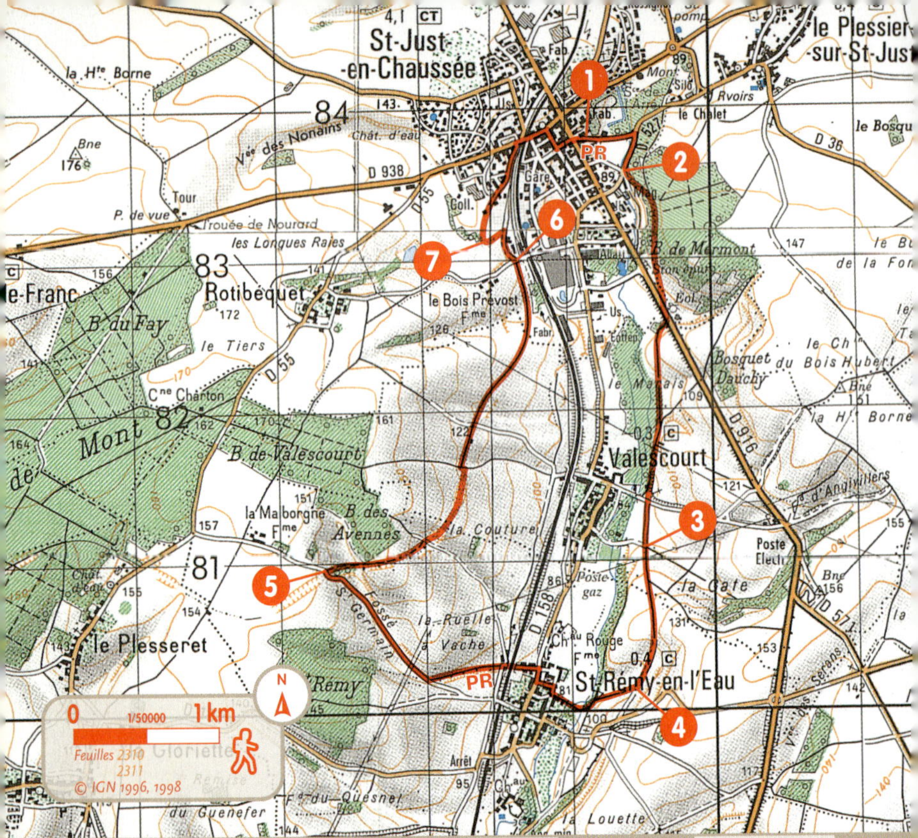

PATRIMOINE BÂTI

LE CHÂTEAU DE SAINT-RÉMY-EN-L'EAU

Bâti au XVIIᵉ siècle, le château de Saint-Rémy-en-l'Eau (classé Monument Historique) est un bel édifice en brique et pierre qui a gardé toute la typicité de son époque avec une façade percée de hautes fenêtres. Il fut habité par le comte d'Angivillers, surintendant des bâtiments sous Louis XVI et mécène des arts à l'origine de ce qui deviendra le musée du Louvre.

La propriété est entourée d'un jardin anglo-chinois de 15 ha, typique du XVIIIᵉ siècle, où s'élève une voûte de tilleuls haute de 28 m. On peut même y admirer un tulipier de Virginie offert par Benjamin Franklin lors de l'indépendance américaine.

Aujourd'hui se trouve à l'intérieur du château une très grande maison de poupées unique en son genre (7 m de longueur sur 3 m de large). Le site est ouvert au public pendant les mois de juin et juillet de 14 h à 19 h et lors des Journées du patrimoine.

Le **val** d'**Arré**

Au sud du plateau Picard, découvrez les chemins qui relient Saint-Just-en-Chaussée (prononcer «*Saint-Ju*») à Saint-Rémy-en-l'Eau (en été, vous pourrez y visiter le château du XVIIe siècle).

1 Du parking face au gymnase, emprunter la rue qui s'éloigne du centre (est), puis la D 527 à droite.

2 Avant le virage, partir à gauche et passer sur la bordure gauche du stand de tir. Le chemin traverser le bois de Mermont. Couper la D 916 *(prudence)*, la longer sur 100 m vers la gauche, puis s'engager sur le chemin à droite. Poursuivre tout droit, puis croiser la route de Valescourt.

3 À la croisée, continuer tout droit et franchir le rebord du plateau *(point de vue sur le val d'Arré et Saint-Rémy-en-l'Eau)* en croisant des haies typiques de la région.

4 Bifurquer à droite. Après la chapelle, prendre le chemin à gauche sur 50 m, puis le chemin à droite. Il franchit la rivière et mène dans Saint-Rémy. Tourner à droite et, face au château, virer à gauche. Emprunter la D 158 à droite et, à la sortie du village, partir à gauche. Passer sous le pont de la voie ferrée, continuer tout droit, puis monter par la route à droite.

5 En haut de la côte, descendre par le chemin à droite. Il longe une ancienne voie ferrée. Après 200 m, continuer sur la plate-forme de l'ancienne voie ferrée puis, à l'intersection, reprendre le chemin parallèle. À la croisée, aller tout droit, puis couper la route et poursuivre dans la même direction *(vue sur le val d'Arré)*.

6 Prendre la route à gauche sur quelques mètres, puis le sentier à droite, au pied de la butte. Il vire à gauche.

7 S'engager sur le sentier à droite et continuer tout droit par la rue qui mène au centre de Saint-Just-en-Chaussée. Emprunter la D 938 à droite et, à la hauteur de l'église, tourner à droite. Prendre la rue à gauche, traverser la D 916 et rejoindre le gymnase.

ALOUETTE DES CHAMPS / DESSIN F.E.

PR® 25

MOYEN

3H • 11KM

S **SITUATION**
Saint-Just-en-Chaussée, à 29 km au nord-est de Beauvais par la D 938

P **PARKING**
gymnase

/ **DÉNIVELÉE**
altitude mini et maxi, dénivelée cumulée à la montée

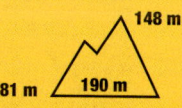

148 m

81 m   190 m

B **BALISAGE**
jaune

À DÉCOUVRIR...

> **En chemin :**
• moulin de Valescourt (extérieur)
• Saint-Rémy-en-l'Eau : château XVIIe (jardin anglo-chinois et maison de poupée)

> **Dans la région :**
• Saint-Martin-aux-Bois : église gothique surnommée par Henri IV (« la plus belle lanterne du royaume »)
• Clermont : hôtel de ville gothique fortifié XIVe, donjon XIe, porte de Nointel XIVe, église XIIIe-XVIe

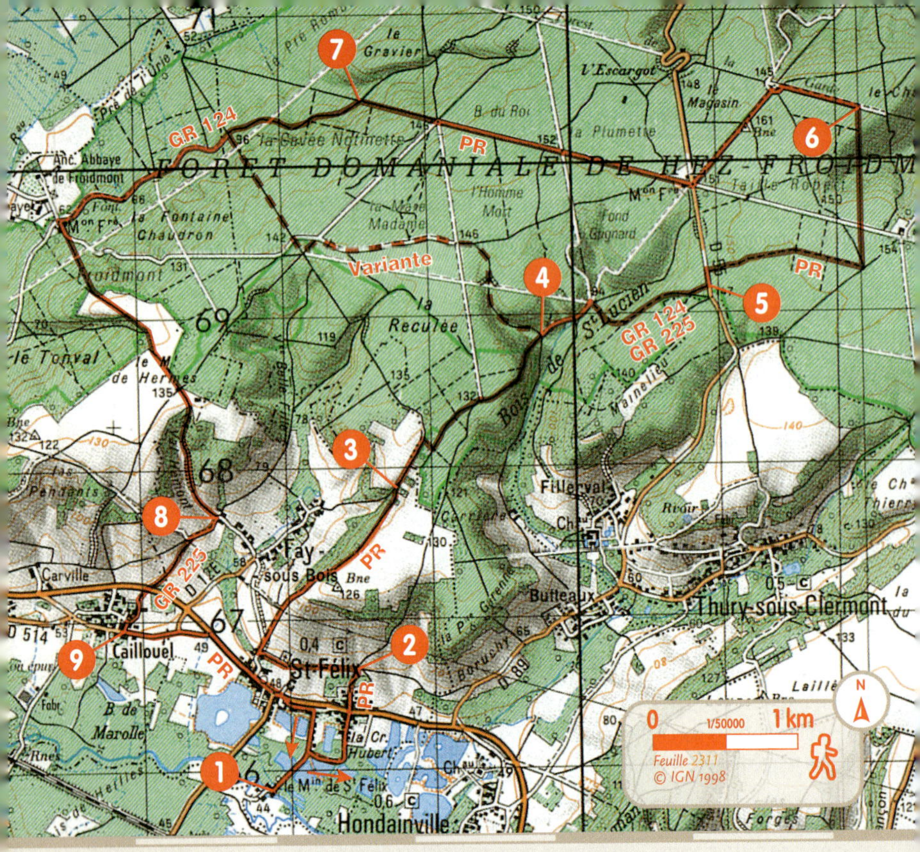

TRADITIONS ET SAVOIR-FAIRE

LE MOULIN-MUSÉE DE LA BROSSERIE À SAINT-FELIX

La fabrication de brosses est une activité traditionnelle de l'Oise. La première brosse à dents française vit le jour dans le département en 1814. Le musée, situé dans d'anciens ateliers qui fonctionnèrent de 1870 à 1979, présente deux moulins hydrauliques, leurs trois roues en activité et un exceptionnel régulateur à boules dit « de Watt ». Des démonstrations permettent d'apprécier la dextérité nécessaire à la fabrication complète d'une brosse ainsi que les matières premières utilisées (bois précieux, os, ivoire, soies…). De nombreux objets de collection sont exposés : brosses à dents sculptées en os, brosses à chapeau, à moustaches, de toilette, etc. La Journée nationale des moulins (3e dimanche de juin) donne lieu à une grande manifestation sur le site.

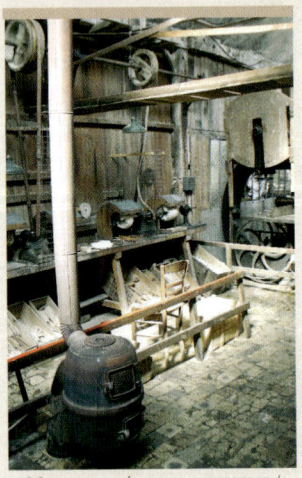

MOULIN-MUSÉE DE LA BROSSERIE / PHOTO P.G./CDTO

Le **sentier forestier** de **Froidmont**

L'occasion de découvrir la forêt de Hez, l'abbaye de Froidmont ainsi que les étangs de Saint-Félix, un véritable paradis pour les pêcheurs et les randonneurs !

1 Du musée, prendre le chemin qui longe les étangs. Tourner à droite puis, au rond-point, à gauche et continuer tout droit par la petite route. Traverser la D 12 *(prudence)*, poursuivre en face, puis tout droit par le chemin *(lavoir)*.

2 Au carrefour, emprunter le chemin à gauche, passer un croisement, longer le cimetière, puis monter par la route à droite. Bifurquer sur le chemin à droite et grimper vers le bois de la Garenne.

3 Laisser un chemin à gauche, poursuivre et entrer à droite dans la forêt. Laisser la piste qui mène à La Rue-Saint-Pierre à gauche, descendre tout droit dans un vallon et atteindre une intersection.

> *Circuit de 15 km* : prendre à gauche le sentier très étroit du Fond-des-Jambes et rejoindre le circuit principal au nord-ouest *(voir tracé en tirets sur la carte)*.

4 Continuer vers le carrefour des Verrières, puis en direction du chêne Saint-Lucien et déboucher sur la D 55.

5 Prendre la D 55 à gauche, le chemin à droite (entre les parcelles 193 et 195), puis la Méridienne verte à gauche. Elle coupe la route forestière et mène à deux stèles.

6 Tourner à gauche. Au carrefour de la Reine, emprunter la route forestière Bourbon à gauche et atteindre le carrefour du Magasin. Au pavillon du garde, prendre la route de Condé à droite. Au carrefour du Roi, poursuivre tout droit par le chemin.

7 Prendre le chemin de Neuville à Froidmont à gauche jusqu'à la maison forestière *(vestiges de l'abbaye à droite)*, la route à gauche sur 100 m, puis monter tout droit par le chemin. Traverser le plateau, continuer tout droit et descendre par le val Hémont.

8 Emprunter le chemin à droite, bifurquer à gauche, couper la D 12 *(prudence)* et arriver dans Caillouel. Aller tout droit et atteindre un carrefour en T.

9 Prendre la route à gauche, puis longer la D 12 à droite en utilisant le trottoir de droite. Laisser la D 89 à droite, puis tourner à droite pour regagner le moulin-musée de la brosserie.

S SITUATION
Saint-Félix, à 22 km à l'ouest de Beauvais par les N 31 (sortie Therdonne) et D 12

P PARKING
moulin-musée de la brosserie, à 500 m au sud du village, par la route des étangs

/ DÉNIVELÉE
altitude mini et maxi, dénivelée cumulée à la montée

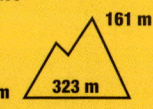

161 m

43 m / 323 m

B BALISAGE
1 à 3 > jaune
3 à 5 > blanc-rouge
5 à 7 > jaune
7 à 9 > blanc-rouge
9 à 1 > jaune

À DÉCOUVRIR...

> **En chemin :**
• Saint-Félix : moulin-musée de la brosserie, église XIIIe-XVe siècle, manoir XIIIe siècle, lavoir, étangs • parcours de la Méridienne verte
• forêt de Hez-Froidmont : arbres remarquables (chêne Saint-Lucien, Chandelier à trois branches) • point de vue
• vestiges de l'abbaye de Froidmont

> **Dans la région :**
• mont César (sentier de découverte) • Bailleul-sur-Thérain : jardin fleuri de M. Davy (espace de plantes méditerranéennes vivaces et raretés exotiques)
• Warluis : musée de l'Aviation, atelier de poterie de Patrice Deschamps

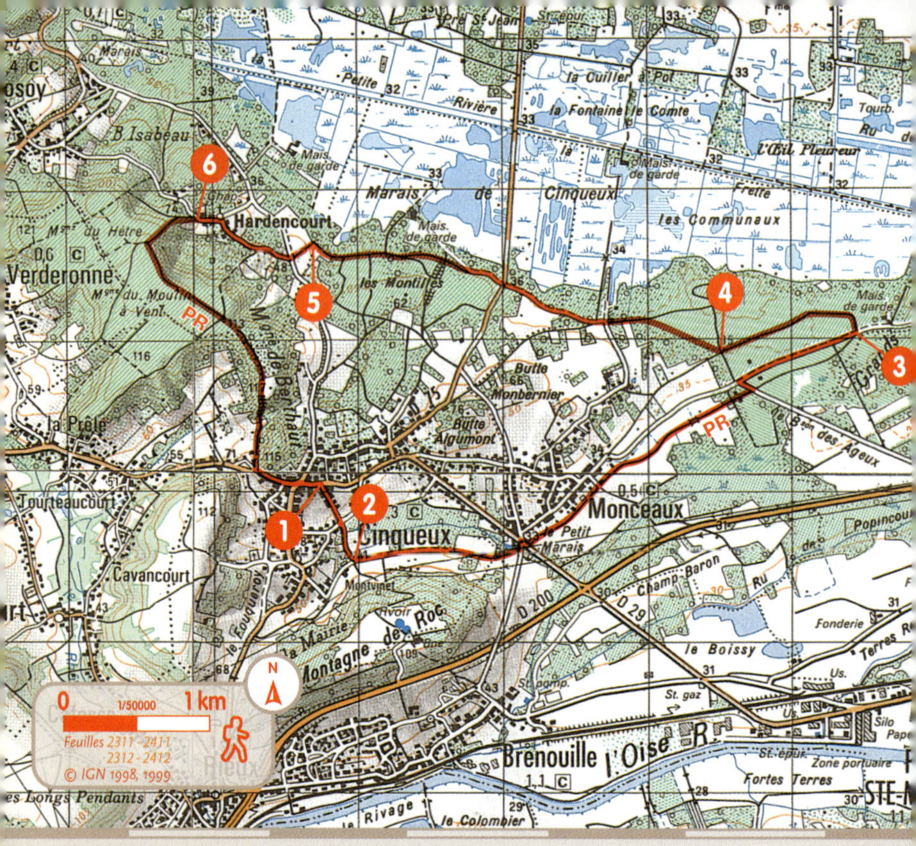

JARDINS ET THÉÂTRE DE VERDERONNE

Profitant de la rivière du Rhony qui s'écoule doucement, le parc de Verderonne est composé d'agréables jardins d'eau, qui servent de cadre enchanteur au château contigu de style classique du XVIIIe. La grande pelouse située dans la cour, cœur du parc, semble distribuer les différents espaces : là le jardin fleuriste avec sa collection d'iris et de roses anciennes, ailleurs les massifs de vivaces, adossés le long du mur de clôture, tandis qu'un peu plus loin ce sont roseaux et nymphéas qui font le spectacle. Les allées aux parterres bordés de buis et les haies de charmes guident les pas du promeneur vers le petit théâtre à l'italienne Louis XV, le petit colombier octogonal ou encore la serre du XIXe récemment restaurée.

VILLAGE DE VERDERONNE / PHOTO P.B.

Les **Montilles**

Une agréable balade accessible à tous dans les zones boisées situées entre les berges de l'Oise et les zones humides des marais de Sacy, remarquables pour leur faune et leur flore.

FAUCON CRÉCERELLE / DESSIN F.E.

S SITUATION
Cinqueux, à 12 km au nord-est de Creil par les N 16, D 200 (direction Compiègne) et D 29

P PARKING
place Georges-Tainturier

/ DÉNIVELÉE
altitude mini et maxi, dénivelée cumulée à la montée

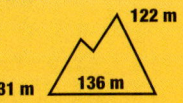

122 m

31 m   136 m

B BALISAGE
jaune

1 De la place, descendre par la rue de Pont-Sainte-Maxence, puis suivre la rue du Moulin-de-Roc à droite et gagner Montvinet.

2 Prendre le chemin à gauche. Emprunter la route à gauche, puis la D 29 à droite sur 20 m et le chemin à gauche. À la croisée, continuer tout droit et, à la fourche, rester à gauche. Entrer dans le bois, suivre la route à gauche, puis le large chemin à droite.

3 Avant la maison, partir à gauche, suivre le chemin plus large à droite sur 150 m, puis tourner à gauche. À la fourche, continuer à gauche.

4 Au carrefour, prendre le second sentier à droite, puis le chemin à gauche. Laisser la route à gauche, continuer en face sur 100 m, puis obliquer à droite. Traverser la D 75, poursuivre par le chemin en face, puis bifurquer sur le chemin à gauche et arriver en lisière.

5 Monter à gauche et continuer par la route en face, en direction d'Hardencourt. À la chapelle, suivre la route à gauche.

6 Dans le virage à la sortie du hameau, monter tout droit par le sentier encaissé. En haut, tourner à gauche. Après un long passage en sous-bois sans changement de direction, emprunter la D 29 à gauche et revenir au point de départ

CHÂTEAU DE VERDERONNE / PHOTO P.B.

À DÉCOUVRIR...

> En chemin :
• Cinqueux : église (nef romane XIe, vestiges de l'ancienne salle voûtée XIIIe attenant à l'église, fonts baptismaux à cuve octogonale XIIIe, statue équestre en bois XVIe)
• marais de Sacy

> Dans la région :
• Verderonne : château, théâtre et jardin
• Cambronne-les-Clermont : ancienne commanderie
• marais de Sacy
• Clermont : hôtel de ville gothique fortifié XIVe, donjon XIe, porte de Nointel XIVe, église XIIIe-XVIe

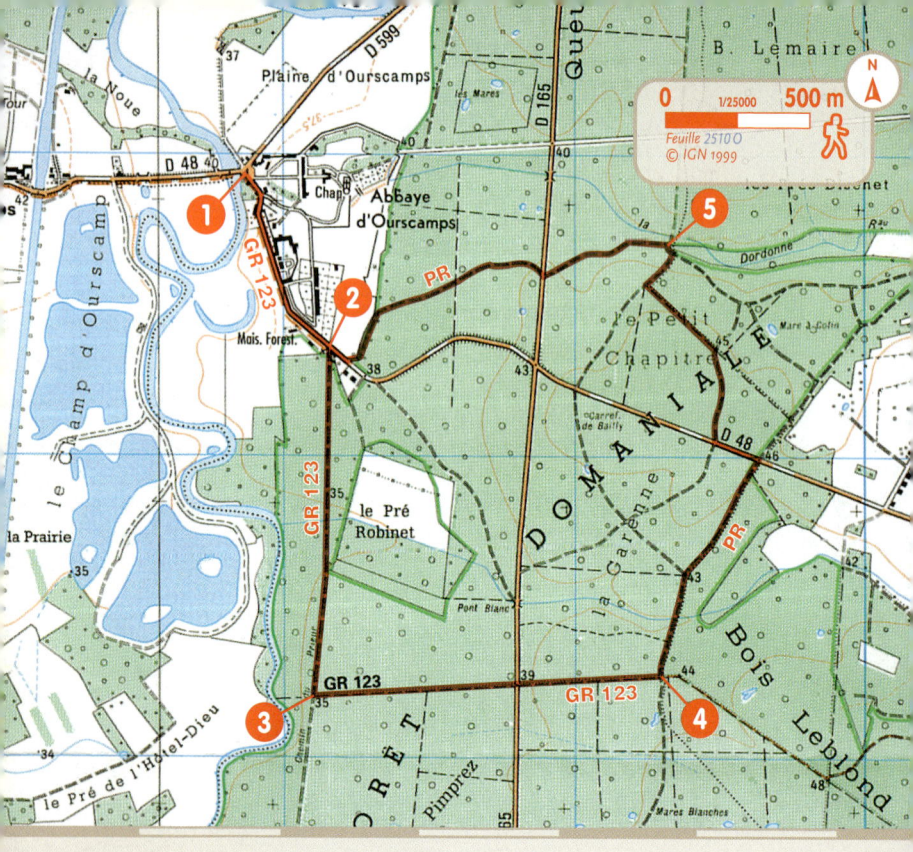

L'ABBAYE D'OURSCAMP

Fondée à la demande de l'évêque de Noyon en 1129, l'abbaye est située en lisière de la forêt d'Ourscamp. Parmi les abbayes cisterciennes des rives de l'Oise, elle est celle dont les vestiges sont les plus importants. L'ossature impressionnante du chœur ainsi que les ruines du transept s'élèvent vers le ciel. L'imposante infirmerie conventuelle du XIIIᵉ siècle (46 m de long sur 16 m de large), transformée en chapelle, est en partie dissimulée par de hautes stalles du XVIIᵉ siècle formant un chœur. A partir de la Révolution, l'histoire de ce monastère est riche en rebondissements. La communauté cistercienne est chassée en 1792 et l'édifice religieux est transformé en infirmerie, en château puis en filature. Bombardé en 1915, il brûle pendant trois jours. Depuis 1941, le logis abbatial accueille la communauté des Serviteurs de Jésus et de Marie.

Circuit de l'**abbaye** d'**Ourscamp**

PR® 28

FACILE

2H30 • 7KM

Une promenade qui part de l'abbaye d'Ourscamp, la plus ancienne fondation cistercienne de Picardie pour parcourir ensuite quelques-unes des longues allées majestueuses de la forêt domaniale.

1 De la place Saint-Eloi, face à l'abbaye, prendre la rue de l'Abbaye à droite jusqu'à la maison forestière d'Ourscamp.

2 Au calvaire, emprunter le chemin du Prieur à droite. Il passe en lisière du pré Robinet, enclave agricole en forêt domaniale, et mène à un carrefour.

3 Prendre le chemin à gauche, continuer tout droit, couper la D 165, laisser un chemin à droite et atteindre une croisée de chemins.

4 Emprunter le chemin à gauche, franchir le ru, puis continuer tout droit et traverser la D 48 pour la longer à gauche *(prudence)* avant de s'engager sur le premier chemin à droite. Tourner à gauche, à droite, puis se diriger à gauche sur quelques mètres et gagner un carrefour, peu avant le ru de la Dordonne *(petit affluent de l'Oise canalisé au Moyen Âge pour les besoins de l'abbaye)* situé à droite.

5 Prendre le chemin à gauche, traverser la D 165 *(prudence)* et continuer tout droit. A l'orée du bois *(en face, maison avec graffiti de la Première Guerre mondiale)*, emprunter la D 48 à droite et retrouver le calvaire.

2 Continuer par la route vers l'abbaye *(cité Blanche ouvrière, à droite)*. Après le virage *(à gauche, cité Rouge ouvrière ; en face, anciens commerces XIXe siècle)*, poursuivre tout droit pour revenir au point de départ.

CERF / DESSIN N.L.G.

SITUATION
Ourscamp, à 5 km au sud de Noyon par les N 32 et D 48

PARKING
abbaye

DÉNIVELÉE
altitude mini et maxi, dénivelée cumulée à la montée

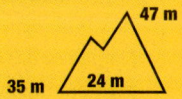

47 m

35 m / 24 m

BALISAGE
1 à 4 > blanc-rouge
4 à 2 > jaune-bleu

CIRCUIT VTT

À DÉCOUVRIR...

> **En chemin :**
• abbaye d'Ourscamp (visite) • calvaire XIXe siècle • forêt domaniale d'Ourscamp • Ourscamp : maison à graffiti occupée par le 75e régiment d'infanterie allemand, cité Blanche ouvrière, cité Rouge ouvrière

> **Dans la région :**
• Chiry : chapelle Sainte-Anne, église Sainte-Anne, ruines du château Mennechet • Crisolles : parc Carisiolas • Longueil-Annel : cité des Bateliers • Pimprez : base de loisirs • Le Plessis-Brion : château Renaissance • cimetières de la Grande Guerre de Cambronne-lès-Ribécourt et Vignemont • Noyon : cathédrale, musées

MILIEU NATUREL

LA PETITE SUISSE PICARDE

« Quand on se balade autour de Noyon, on traverse des paysages incroyablement variés : collines très boisées, plateaux arides, vallées humides… Des sols sablonneux, qui se réchauffent vite et favorisent la présence des baies rouges. Groseilliers, mûriers, framboisiers… Comme en montagne !

Aujourd'hui je me penche sur la valorisation de cette « Petite Suisse » picarde. J'organise des chantiers de restauration de petit patrimoine avec des jeunes bénévoles : un lavoir, une chapelle… Impliquer les jeunes dans ce type de sauvegarde leur donne le sens des valeurs du patrimoine local. »

ELIAN MESTDGAGH / PHOTO CRT/S.B.

Elian Mestdgagh, gestion et protection de la nature au Pays des Sources

MILIEU NATUREL

LE NOYONNAIS, TERRE DE FRUITS ROUGES

La région du Noyonnais possède un relief très découpé, voire escarpé. Ainsi le massif de Thiescourt, comprenant plus de 4 000 ha de forêt, est surnommé « la petite suisse picarde ». Cette région rurale est également une terre de fruits rouges.

Ses pentes ensoleillées et la nature sablonneuse de certains de ses versants profitent à ces productions. À Noyon, sur le parvis de la cathédrale, chaque 1er dimanche de juillet, les producteurs présentent leurs plus beaux fruits.

FRUITS ROUGES / DESSIN N.L.G.

FORÊT DE COMPIÈGNE / PHOTO P.B.

UN PEU D'HISTOIRE
COMPIÈGNE LA FASTUEUSE

De Clovis à Napoléon III, presque toutes les têtes couronnées ont séjourné à Compiègne. Prisée pour la richesse de ses forêts (15 000 ha), la cité connaît son apogée de ville royale sous le règne de Louis XV, grand amateur de chasse. Mais c'est le Second Empire qui lui laisse l'empreinte la plus durable. Plus d'un siècle après, les galeries du château résonnent encore du tumulte des réceptions données par Napoléon III et l'impératrice Eugénie. La ville profite de ces années fastueuses pour s'agrandir de luxueuses demeures bourgeoises. Le théâtre impérial, construit à deux pas, témoigne de ce passé prestigieux.

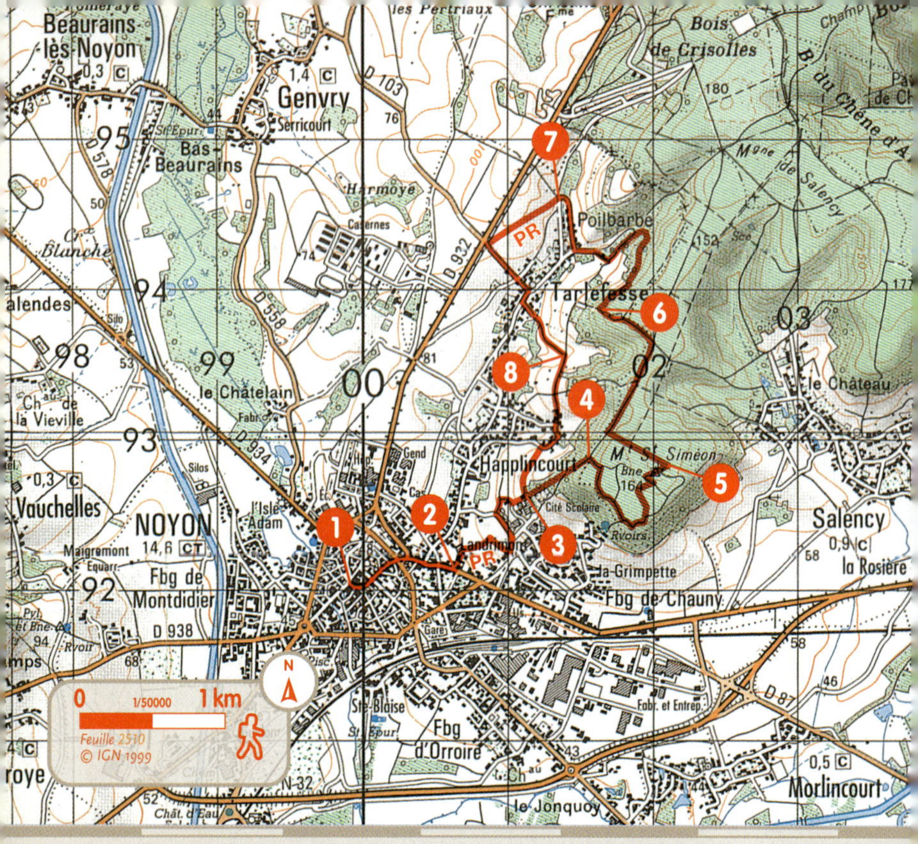

LE MONT SAINT-SIMÉON ET SA LÉGENDE

Culminant à 164 m, le mont Saint-Siméon a été creusé de carrières de calcaire au Moyen Âge afin d'extraire les pierres destinées à la construction de la cathédrale de Noyon. On y cultivait déjà la vigne sur les pentes méridionales au VIIe siècle. L'hiver 1709 a quasiment engagé le processus de disparition du vignoble qui s'acheva au milieu du XXe siècle. Le vin était surnommé « ginglet ».

La tradition veut que, dans ce mont truffé de galeries qui desservaient des carrières, se trouve un puits où les chanoines de Noyon, fuyant l'invasion normande, auraient jeté un trésor.

CATHÉDRALE DE NOYON / PHOTO P.B.

Le mont **Saint-Siméon**

PR® 29

MOYEN

3H • 11KM

Cet itinéraire qui alterne passages en zones urbaines et en zones boisées vous séduira autant par ses attraits historiques (cathédrale et bibliothèque du chapitre à Noyon) que par les panoramas offerts.

1 De la place Bertrand-Labarre, monter par la rue des Merciers pour passer derrière la cathédrale. Sur la place, continuer tout droit et descendre par la rue du Maréchal-Leclerc.

2 Prendre la troisième rue à gauche. Monter par le sentier qui zigzague, gravir l'escalier à gauche et suivre la rue à gauche. Dans le virage, partir deux fois à droite pour grimper le long du complexe scolaire. Atteindre une bifurcation.

3 Monter tout droit à travers bois et arriver à un espace ouvert.

4 Contourner les rochers par la droite, continuer tout droit aux carrefours suivants et déboucher sur un nouvel espace ouvert avec des grottes. Poursuivre tout droit, puis monter à gauche pour passer derrière les grottes.

5 Au bout du chemin, descendre à gauche par le sentier bosselé. En bas, après la dernière butte, prendre le chemin à droite sur 700 m, puis le deuxième chemin à gauche.

6 Remonter à droite, puis continuer la descente à gauche. En bas, suivre le chemin à gauche, tourner à droite en lisière, puis virer à gauche en direction des maisons. À Tarlefesse, prendre la rue du Haut-Poil-Barbe à droite qui se prolonge en chemin.

7 Après le virage, prendre le chemin à droite sur quelques mètres, puis le chemin à gauche. Il traverse les champs. Descendre par la route à gauche à Tarlefesse. Au rond-point, suivre à droite le boulevard de Tarlefesse, puis le chemin de Cuirenval à gauche.

8 Continuer par le chemin à droite et se diriger tout droit jusqu'aux maisons. Dans le hameau, poursuivre tout droit par la rue Henri-Drapier. En haut de la petite montée, s'engager sur le chemin à gauche et retrouver la fourche de l'aller.

3 Par l'itinéraire utilisé à l'aller, rejoindre le point de départ.

S **SITUATION**
Noyon, à 25 km au nord-est de Compiègne par la N 32

P **PARKING**
place Bertrand-Labarre

/ **DÉNIVELÉE**
altitude mini et maxi, dénivelée cumulée à la montée

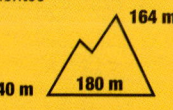

164 m
40 m   180 m

B **BALISAGE**
jaune

À DÉCOUVRIR...

> **En chemin :**
• Noyon : cathédrale Notre-Dame, bibliothèque du Chapitre, hôtel de ville, musée Jean Calvin, musée du Noyonnais, fontaine du Dauphin
• mont Saint-Siméon

> **Dans la région :**
• Crisolles : parcours aventure
• Le Plessis-Patte-d'Oie : musée-ferme
• Chiry-Ourscamps : vestiges de l'abbaye Notre-Dame-d'Ourscamp, chapelle Sainte-Anne, ruines du château Mennechet

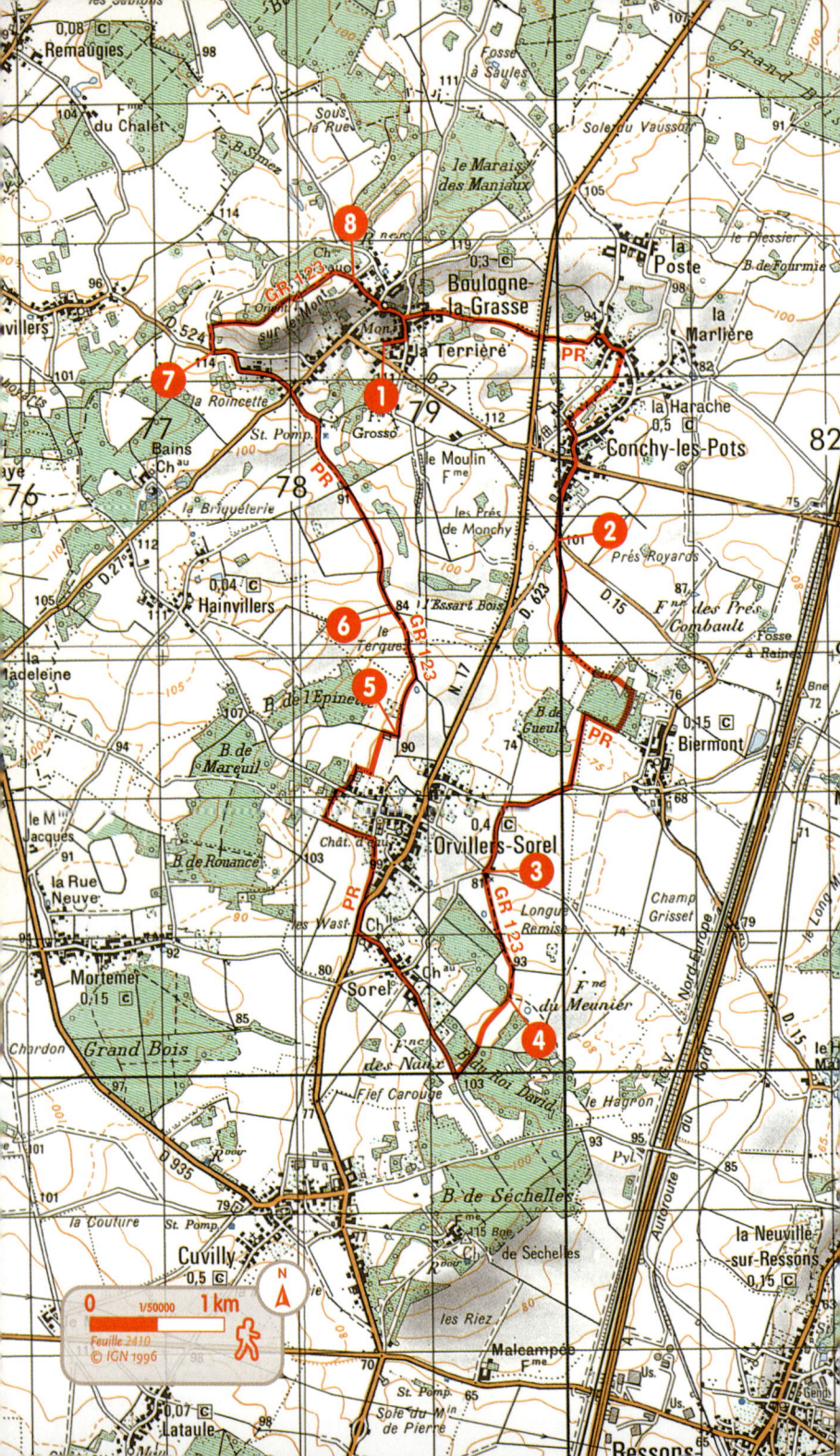

Les **Prés verts**

Parcourez les chemins du pays bocager. Ils chevauchent les crêtes qui séparent les bassins hydrographiques de l'Oise (Seine) et de la Somme, sur la ligne de partage des eaux.

1 Prendre la rue de la Gare en direction du centre, suivre la Grande Rue à gauche, puis la rue à droite. Elle se prolonge par le chemin de Saint-Nicaise. Couper la N 17 *(prudence)* et continuer en face. Descendre par la rue pavée, passer le transformateur et s'engager sur le sentier à droite. À l'église, monter par la petite route à gauche, puis emprunter la rue de Flandres à droite et traverser le village.

PERDRIX GRISE / DESSIN P.V.

2 Au carrefour des D 623 et D 15, continuer par le chemin qui part entre les routes. Il oblique à gauche, passe en lisière et entre dans le bois de Bièremont. Tourner à droite, rejoindre la lisière sud, virer à droite et emprunter le chemin à gauche. Prendre la route à droite, puis la route à gauche.

3 Au calvaire, poursuivre tout droit par le chemin. Passer la corne du bois et atteindre une intersection, à la suivante.

4 Continuer à droite en lisière et traverser le bois du Roi-David. Prendre la route à droite, traverser tout droit Sorel, puis couper la N 17 *(prudence)* et la longer à droite pour rejoindre l'aire de détente. S'engager sur le chemin à gauche. Avant l'église, emprunter la route à gauche. Monter par le chemin à droite, suivre la route à droite sur 50 m, puis le chemin à gauche. Il vire à droite puis à gauche. Au bout, utiliser le chemin à droite et gagner une intersection.

5 Prendre le chemin à gauche et continuer à gauche.

6 Poursuivre tout droit par le chemin sur 2 km, couper la D 27 et continuer en face par la D 524.

7 Monter par le chemin à droite, gravir le chemin à droite et traverser le mont *(table d'orientation)*.

8 Après le château d'eau, gagner tout droit Boulogne. Suivre la rue Brice, descendre par la rue du Flot-à-Sec jusqu'à la rue de la Montagne, puis virer à droite. Passer l'église, prendre la rue du Fou-Doux à gauche, puis rejoindre la Grande Rue et le point de départ.

PR® 30

DIFFICILE

4H30 • 17KM

S SITUATION
Boulogne-la-Grasse, à 30 km au nord de Compiègne par les D 935 (direction Montdidier), N 17 (direction Roye) et D 27

P PARKING
ancienne gare

/ DÉNIVELÉE
altitude mini et maxi, dénivelée cumulée à la montée

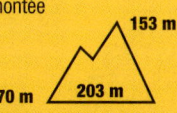

153 m
70 m
203 m

B BALISAGE
jaune

À DÉCOUVRIR...

> **En chemin :**
• Conchy-les-Pots : église (vitraux XVIe)
• château de Sorel XVIIe-XIXe
• chapelle Saint-Claude
• Boulogne-la-Grasse : table d'orientation, ruines du château féodal, église XIXe

> **Dans la région :**
• Noyon : cathédrale Notre-Dame, bibliothèque du Chapitre, hôtel de ville, musée Jean Calvin, musée du Noyonnais, fontaine du Dauphin

VESTIGES DU CHÂTEAU DE BOULOGNE-LA-GRASSE / PHOTO P.B.

LES ROUTES DES TEMPLIERS

À Conchy-les-Pots existait jadis un domaine templier au lieu-dit du Pont-l'Etrier. L'ordre des templiers était un ordre militaire et religieux fondé en 1119 à Jérusalem. Cette milice chrétienne fut dissoute en 1314 sur l'injonction du roi Philippe le Bel. Les moines templiers avaient pour missions la défense des biens de l'église et la protection des pèlerins. Les domaines templiers ou commanderies servaient donc de refuge et de protection aux voyageurs. La commanderie du Pont-de-l'Etrier bordait d'ailleurs l'une des voies principales templières assurant la liaison du nord de la France avec la mer Méditerranée. Cette voie était également empruntée par des milliers de pèlerins en route pour la basilique Saint-Jacques-de-Compostelle.

BOCAGE / PHOTO P.B.

UN PEU D'HISTOIRE

NOYON, VILLE ROYALE

Les origines de Noyon remontent à l'époque gallo-romaine ; située sur la grande voie Rome-Boulogne, *Noviomagus* devient un poste militaire romain. Mais c'est saint Médard, au VIe siècle, qui décide de l'avenir de la cité en déplaçant le siège de son diocèse de Vermand à Noyon, plus sûre grâce à ses solides remparts. Les évêques de la ville jouent un rôle important sous le règne des rois mérovingiens, tel saint Éloi auprès de Dagobert. Charlemagne s'y fait couronner en 768 roi de Neustrie, comme un peu plus tard le nouveau roi de France, Hugues Capet (987). La construction de la cathédrale actuelle débute dans les années 1140. Chef d'œuvre du premier art gothique, ce monu-

BIBLIOTHÈQUE DU CHAPITRE DE NOYON / PHOTO P.B.

ment a été ceinturé d'un remarquable ensemble canonial et épiscopal.

Noyon est également la cité natale de Jean Calvin (1509-1564), qui adhère à la Réforme dont il devient l'un des plus grands théologiens.

CHEVET DE LA CATHÉDRALE DE NOYON / PHOTO P.B.

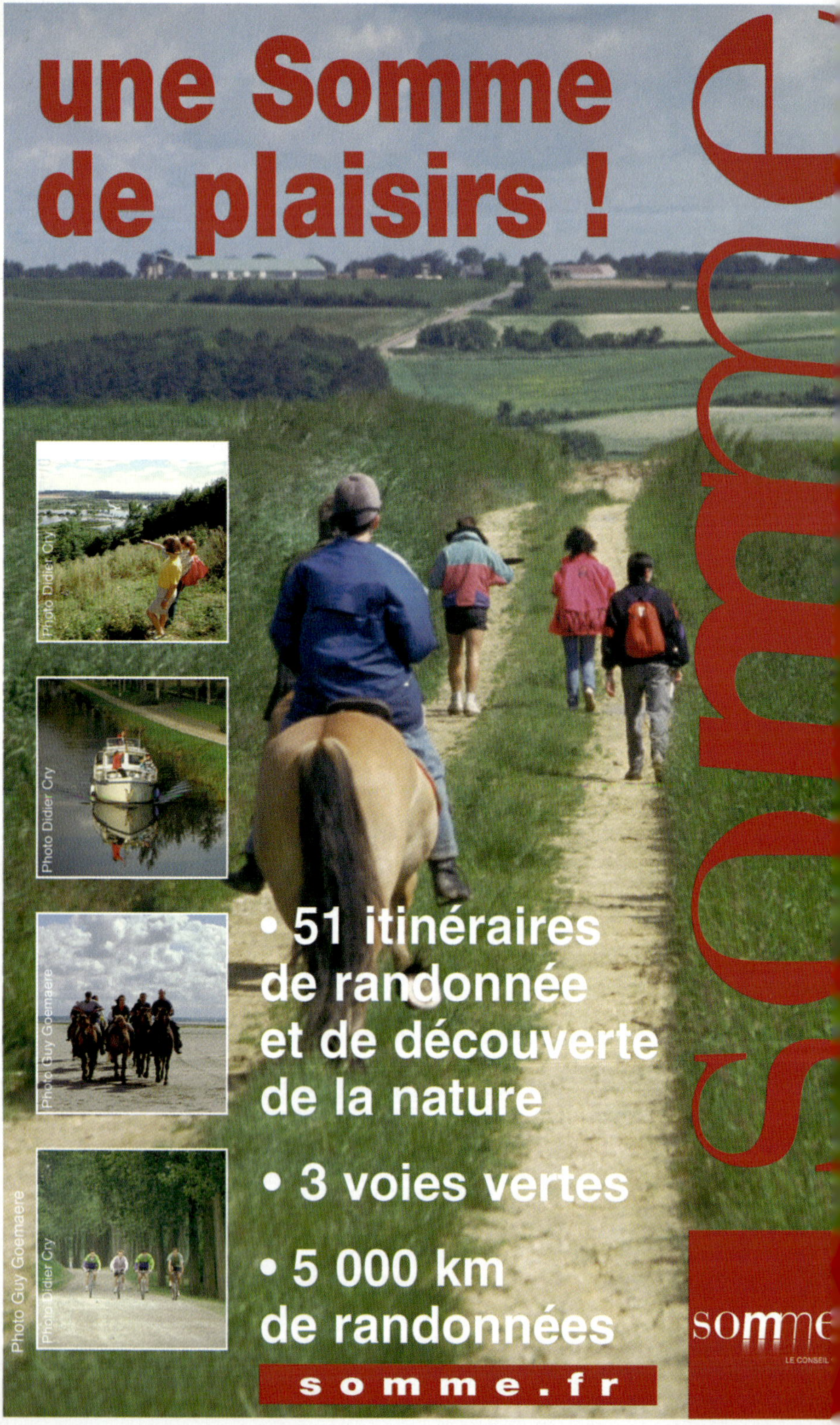

une Somme de plaisirs !

- **51 itinéraires de randonnée et de découverte de la nature**

- **3 voies vertes**

- **5 000 km de randonnées**

somme.fr

Photo Didier Cry
Photo Didier Cry
Photo Guy Goemaere
Photo Guy Goemaere
Photo Didier Cry

somme
LE CONSEIL

Découvrir
La Somme

ÉCUREUIL / DESSIN F.E.

Un littoral où alternent falaises de craie et plages de sable, une campagne où se côtoient herbages et plaines, buissons et forêts, rivières et étangs : le département de la Somme se présente comme une mosaïque de petits pays se complétant harmonieusement. Malgré les occupations et les conflits, sites préhistoriques et gallo-romains, témoignages de l'art gothique et souvenirs militaires de toutes époques attestent du passé riche et mouvementé de ce département.

De nombreux cours d'eau sillonnent le département de la Somme. L'épaisseur des limons et la faiblesse de la pente les ont contraints à divaguer, traçant de multiples méandres formant des bras morts aux formes insolites. 4 000 ha d'étangs recouvrent le département. Entourés de marais, de peupleraies, ils constituent autant d'endroits secrets abritant une faune variée.

De place en place, un château, témoin d'un autre temps, se reflète dans les eaux comme à Long ou à Suzanne. Même la ville d'Amiens s'est adaptée au milieu. Les méandres de la Somme forment au cœur de la ville une mosaïque de jardins et de bras d'eau où les hortillons y circulent en barque. La cathédrale, chef d'œuvre du gothique, s'y reflète dominant le vieux quartier Saint-Leu autrefois bruissant du travail des ateliers.

À cette prolifération d'étangs et de zones boisées au caractère fermé s'opposent les plateaux, domaine de la grande culture. La partie orientale, le « Santerre » aux formes régulières, est marquée par les grandes exploitations que ponctuent fermes massives ou villages ramassés.

(1) BAIE DE SOMME – (2) CHÂTEAU DE LONG
(3) CATHÉDRALE D'AMIENS – (4) MÉMORIAL DE THIEPVAL
PHOTOS P.B.

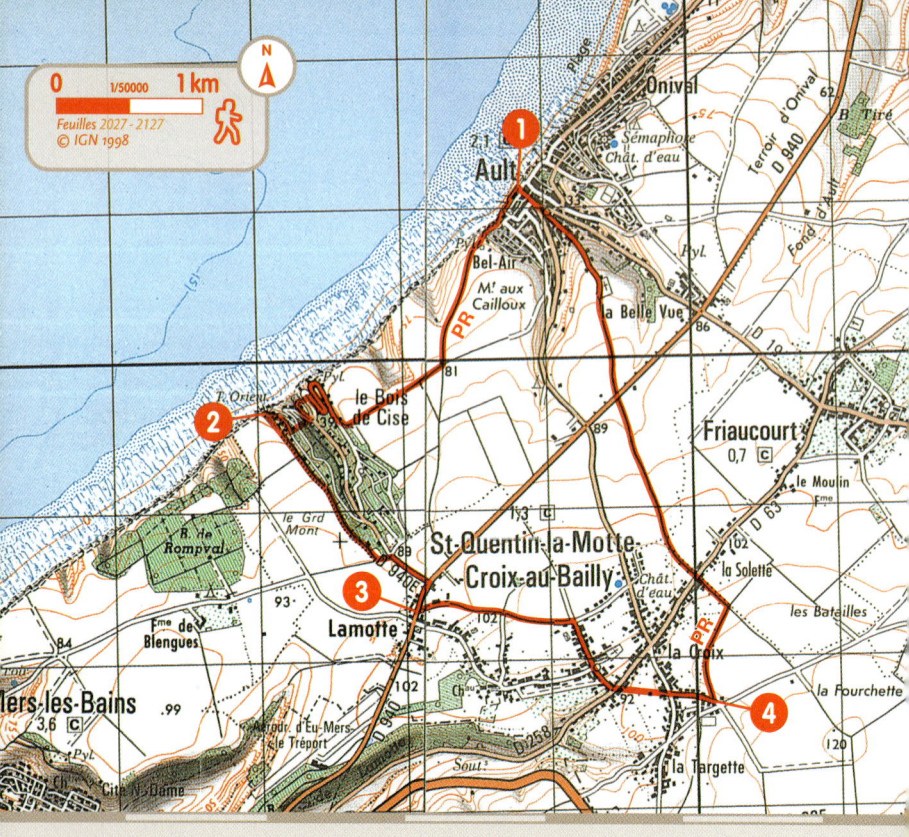

MILIEU NATUREL
À L'ASSAUT DE LA FALAISE VIVE !

En 1837, Victor Hugo qui passait au bourg d'Ault écrivit : « Cet endroit est beau. Je ne pouvais m'en arracher. C'est là qu'on voit poindre et monter cette haute falaise qui mure la Normandie… » Les hautes falaises crayeuses abruptes caractéristiques du littoral cauchois commencent ici. C'est la falaise vive, haute de 87 m. Son sommet est entaillé par quelques val-lées sèches, les valleuses. Celle du Bois-de-Cise, un site classé, a été colonisée par des villas à l'extrême fin du XIXe siècle ; les chênes, bouleaux, frênes, prunelliers, ajoncs et genets constituent le seul massif boisé naturel de la côte picarde.

Tout le littoral a connu un recul considé-rable, surtout vers Ault (entre 30 et 60 cm par an).

VUE SUR LA FALAISE, DU BOIS DE CISE / PHOTO P.B.

Circuit de Lamotte

PR® 31

MOYEN

3H30 • 12 KM

Du haut des falaises surplombant la mer, découvrez les splendeurs picardes que Victor Hugo a décrites à Adèle, sa femme, et transposées dans *Les Laboureurs de la mer*.

1 Du parking, emprunter la rue Ernest-Jamart puis grimper par le sentier qui mène à la croix en haut de la falaise. Obliquer à gauche sur le chemin qui, après un croisement, conduit au bois de Cise (*nombreuses villas Belle Epoque*). Descendre par la rue des Mouettes et le sentier des Muses. A l'avenue, remonter par l'allée du Muguet, tourner à droite dans la route des Tilleuls et, par le sentier des Douaniers, rejoindre la table d'orientation (*panorama « Victor Hugo » sur la mer et les falaises d'Ault*).

2 Partir à gauche par le sentier et rejoindre la D 940 E. Au stop de la D 940, tourner à droite et poursuivre sur 100 m.

3 Tourner à gauche puis emprunter à droite la route traversant Saint-Quentin–Lamotte–Croix-au-Bailly (*en face de l'église, une rue mène au château*). Au stop de la D 63, se diriger à gauche sur 20 m, puis à droite. S'engager dans la ruelle, traverser la rue et continuer en face.

4 Peu avant le croisement, tourner à gauche dans le chemin. Au croisement suivant, virer à gauche. Couper la D 63 puis la D 940 et rentrer dans Ault en passant devant le cimetière.

POULE D'EAU / DESSIN F.E.

SITUATION
S Ault, à 32 km à l'ouest d'Abbeville par les D 925 et D 19

PARKING
P ancien casino (front de mer)

DÉNIVELÉE
/ altitude mini et maxi, dénivelée cumulée à la montée

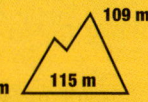

109 m
10 m / 115 m

BALISAGE
B jaune

À DÉCOUVRIR...

> **En chemin :**
• Ault : église gothique Saint-Pierre XIVe-XVe (damiers de pierre et silex, clocher à tourelle), hâble, chapelle Notre-Dame-d'Onival, phare
• Bois de Cise : villas Belle Epoque, chapelle Sainte-Edith, panorama « Victor Hugo »
• Saint-Quentin-Lamotte-Croix-au-Bailly : église XVIIe, château XVIIe, croix de grès

> **Dans la région :**
• Lanchères : maison de l'Oiseau • Le Hourdel : port, phare, calvaire en bois, chapelle surmontée d'une croix de fer
• Saint-Valery-sur-Somme : gare du petit train, vieille ville (portes, église Saint-Martin XIIIe, chapelle Saint-Valery), « courgain », calvaire des Marins, musée Picarvie, estacade, port (entrepôt aux sels)

SAINT-VALERY / PHOTO P.B.

MILIEU NATUREL

LA CÔTE PICARDE

70 kilomètres de sable fin, de galets polis et d'abruptes falaises crayeuses, s'étirant du Pas-de-Calais à la Normandie, telle se présente cette côte picarde, ainsi appelée par tradition bien que bordant le seul département de la Somme. Le littoral contrasté de la Manche est échancré en son milieu par une baie, portant le nom du fleuve qui s'y jette après avoir traversé Abbeville. Sans pareille mais aussi frêle que cruelle, elle figure parmi les « trente plus belles baies du monde ».

Cet estuaire, véritable paradis pour les oiseaux, de même que cette calme rivière, la Somme, tracent une frontière naturelle entre deux arrière-pays. Au nord, c'est l'historique plateau du Ponthieu, ajoutant à sa vocation agricole les 4 300 hectares de la forêt de Crécy ainsi que la Marquenterre, fruit de la ténacité de l'homme contre l'eau. Au sud s'étale le « pays vert », le Vimeu, une mosaïque de champs, de haies et de prés, rappelant le proche bocage normand.

MILIEU NATUREL
UN TERRAIN DE JEU GRANDEUR NATURE

« Il y a de la vie partout tous les jours dans la baie. Des oiseaux qui viennent se nourrir, les moutons des prés-salés, les hommes qui ramassent des vers pour pêcher ou des plantes pour cuisiner comme l'obione ou les oreilles de cochon qui font de très bonnes tartes… Dans l'ensemble, les personnes qui font la traversée ont souvent la fibre écologique. Ils viennent vraiment pour découvrir le milieu, respirer l'air marin, et les enfants, eux, adorent crapahuter en bottes dans la vase, les marigots. La traversée, c'est l'aventure pour tous, des sorties conviviales, plein de choses à voir, à sentir, à goûter, à apprendre. Chacun y trouve son bonheur. »

Emmanuel Dubert, guide nature, association « Promenade en Baie »

EMMANUEL DUBERT / PHOTO CRT/S.B.

BAIE DE SOMME / PHOTO P.B.

LE HOURDEL

SAUTERELLIER AU PORT DU HOURDEL / PHOTO P.B.

Ce hameau de pêcheurs, rasé lors de la dernière guerre mondiale, offre la meilleure situation maritime de la baie. Ceci explique qu'il ait fait l'objet de nombreux projets parfois étonnants. Les installations portuaires pour la pêche et la plaisance restent sommaires. Les poissons plats et surtout les crevettes grises ou « sauterelles » que l'on pourra acheter aux pêcheurs sont les spécialités locales. Cette pêche demeure purement artisanale.

La maison de l'Oiseau et de la baie de Somme a partiellement réutilisé les bâtiments de la ferme du XVIIIe siècle du « Petit Teratu ». Elle recèle l'une des plus belles collections françaises d'espèces d'oiseaux naturalisés (plus de quatre cents).

La **Gaîté**

La baie de Somme, une des plus belles du monde, est à vos pieds.

1 Du phare du Hourdel, longer le quai Gavois et la piste cyclable sur environ 400 m.

2 Tourner à gauche et franchir le canal aux Poissons (*dans ce canal se rejoignent les canaux de Cayeux et de Lanchères, qui drainent l'eau des bas-champs vers la baie de Somme ; les bateaux de plaisance et de pêche du Hourdel s'y abritent*). Continuer sur la renclôture, encadrée par les mollières du côté mer, par les pâtures et les champs de l'autre. Rejoindre la digue de la Gaîté.

3 Emprunter à droite la chaussée du corps de Garde et, au premier croisement, à nouveau à droite. Le chemin oblique à gauche et atteint la D 3.

4 Traverser la route, passer sur le canal de Lanchères puis, au carrefour, bifurquer à droite.

5 100 m après le carrefour, tourner à droite. A la première fourche, partir à droite vers la maison de l'Oiseau.

6 Avant la maison de l'Oiseau, tourner à gauche, franchir la passerelle sur le canal de Cayeux et prendre en face le chemin qui mène à la D 3. Couper la route (*prudence*) et continuer jusqu'à l'usine à galets.

7 Tourner à droite, rejoindre la D 102 et la suivre par la gauche pour rejoindre Le Hourdel.

MARTIN-PÊCHEUR / DESSIN F.E.

PR® 32

FACILE

3H • 10KM

S SITUATION
Le Hourdel, à 25 km à l'ouest d'Abbeville par les D 40, D 920, D 3 et D 102

P PARKING
dans le hameau

/ DÉNIVELÉE
altitude mini et maxi

7 m

3 m

B BALISAGE
jaune

À DÉCOUVRIR...

> En chemin :
• Le Hourdel : port, phare, calvaire en bois, chapelle surmontée d'une croix de fer • baie de Somme • canaux • Lanchères : maison de l'Oiseau à la ferme du Petit-Tératu

> Dans la région :
• Saint-Valery-sur-Somme : gare du petit train, vieille ville (porte, église Saint-Martin XIIIe, chapelle Saint-Valery), « courgain », calvaire des Marins, musée Picarvie, estacade, port (entrepôt aux sels) • Cayeux-sur-Mer : casino, chemin en planches et cabines, amer, gare du petit train • cap Hornu

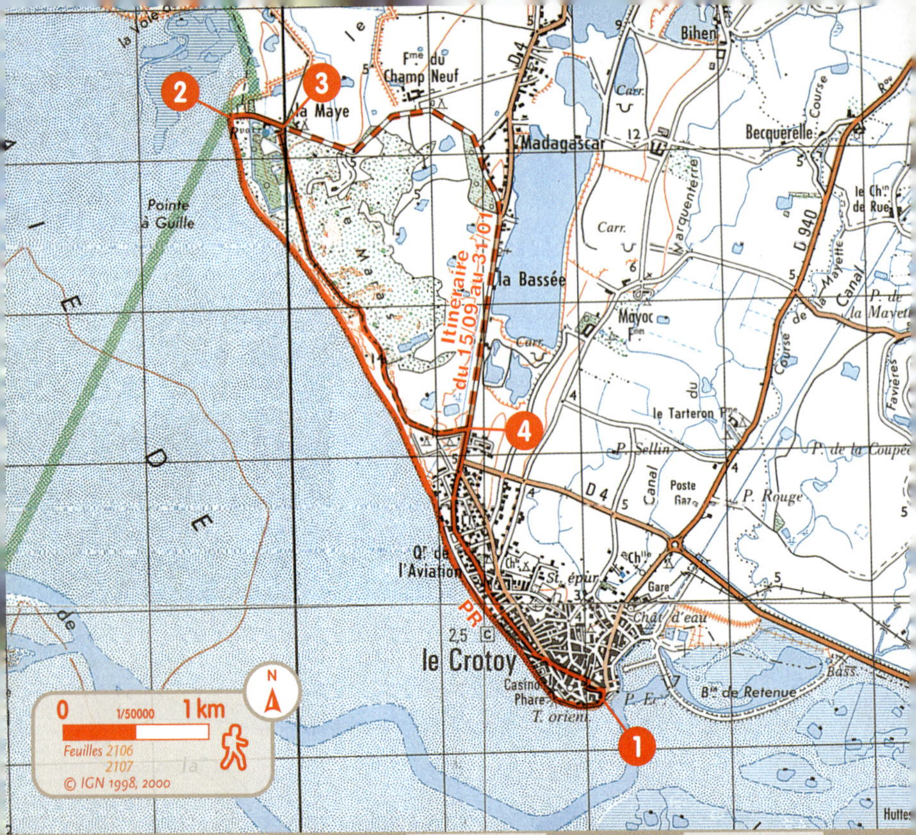

MILIEU NATUREL

LE MARAIS DU CROTOY

Limité d'un côté par les dunes, de l'autre par un cordon de galets fossiles recouvert de limon, couvert d'une végétation variée, le « marais » constitue un agréable lieu de promenade. Ici, la succession végétale apparaît nettement : le sable nu de la dune est progressivement fixé par différents végétaux bas, le plus caractéristique étant l'orpin âcre. Quelques pousses d'argousier et de troène vulgaire apparaissent ici et là, ainsi que le bouleau, le prunellier et le sureau ; la présence de saules, d'aulnes et de roseaux traduit l'existence d'eau dans les dépressions ; les passereaux y abondent, le faisan s'y plaît

VANNEAU HUPPÉ / DESSIN F.E.

bien, le lapin y est roi.

Depuis 1984, on assiste à l'acclimatation d'un troupeau de chevaux rustiques locaux, les « henson », issus de croisements entre des chevaux de sang et des fjords norvégiens.

Balade du Crotoy

PR® 33

FACILE

3H • 10KM

À quelques pas du parc du Marquenterre, découvrez comme Colette et Jules Verne la splendeur du site.

1 De la place Jeanne-d'Arc, remonter le quai Léonard. Dans le premier virage, à hauteur du calvaire et des plaques commémoratives des « Péris en mer », descendre sur la plage par le petit escalier. Tourner à droite et poursuivre sur l'estran (*frange de rivage comprise entre les niveaux de haute et basse mer*) jusqu'au parking de la Maye.

2 Au parking, prendre à droite et emprunter la route sur 300 m.

3 Face au camping de La Sablière, s'engager dans le sentier de découverte qui s'enfonce dans le marais et poursuivre dans le sentier sablonneux (*observer la végétation aquatique, les oiseaux, les chevaux Henson*).

> Attention, par arrêté municipal, la circulation est interdite les dimanches et jours fériés du 15 septembre au 31 janvier (*chasse*).

4 À la route (D 4), partir à droite par la piste cyclable. Au premier croisement, prendre à droite la rue de l'École-Caudron et son prolongement la rue des Tamaris. Poursuivre par la rue Jean-Vadicocq puis le rue du Capitaine-Guy-Dath. Tout au bout, par la rue de la Porte-du-Pont, rejoindre la place Jeanne-d'Arc.

LE CROTOY / PHOTO P.B.

SITUATION
Le Crotoy, à 21 km au nord-ouest d'Abbeville par les D 940 et D 260

PARKING
place Jeanne-d'Arc

DÉNIVELÉE
altitude mini et maxi

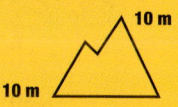

10 m

10 m

BALISAGE
jaune

DIFFICULTÉS !
itinéraire fermé du 15/09 au 31/01 les dimanches et jours fériés entre **3** et **4**

À DÉCOUVRIR...

> En chemin :
• Le Crotoy : port, écluse automatique (ouverture 5 h après la pleine mer), gare typique du train touristique de la baie de Somme, calvaire des Marins, église Saint-Pierre 1865 (clocher XIIIe, retable XVe), statue de Jeanne d'Arc, monument des frères Caudron, plage

> Dans la région :
• parc ornithologique du Marquenterre
• Nolette : cimetière chinois
• Rue : église Saint-Wulphy XIXe, chapelle de l'hospice XVIe, beffroi XVe avec accès au chemin de ronde, musée des Frères-Caudron

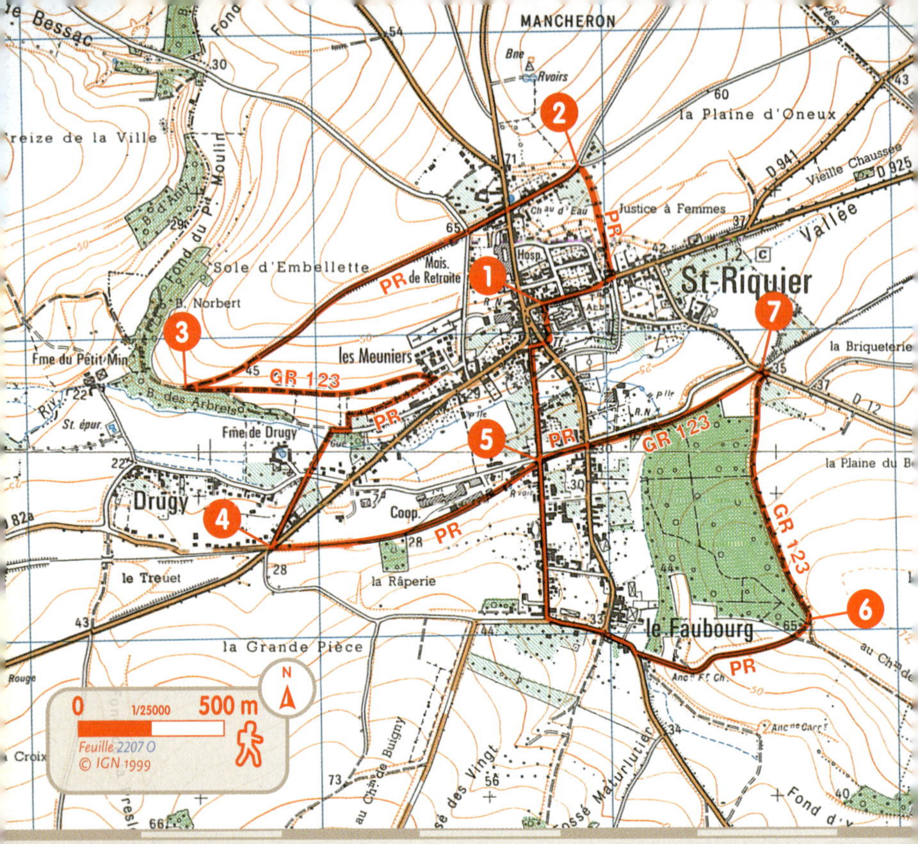

[Map of Saint-Riquier area with numbered markers 1-7, trail markings PR, GR 123, and place names]

la Plaine d'Oneux

Justice à Femmes

St-Riquier

la Briqueterie

Mais. de Retraite

Sole d'Embellette

B. Norbert

les Meuniers

GR 123

Fme du Petit Min.

St. épur.

des Arbrets

Fme de Drugy

Drugy

le Treuet

Coop.

la Râperie

la Plaine du B

le Faubourg

la Grande Pièce

au Chd

Fond d'

0   1/25000   500 m

N

Feuille 2207 O
© IGN 1999

LA VILLE AUX CENT TOURS

Au VIIe siècle, deux moines irlandais convertirent Riquier, natif du village gallo-romain *Centula* (la ville aux cent tours). Après avoir lui-même prêché, le Centulois se retira dans la forêt de Crécy pour se consacrer à Dieu. À sa mort, son corps fut ramené dans son village natal où, autour du tombeau, s'édifia un monastère qui prit le nom de Saint-Riquier. Avec quelques 300 moines, celui-ci était devenu, un siècle plus tard, l'une des plus importantes abbayes carolingiennes de l'époque. Vers l'an 790, Charlemagne la confia à son conseiller Angilbert avec mission de « la faire briller du plus vif éclat ». Plusieurs fois détruite, l'abbatiale fut réédifiée du XIIIe au XVIe siècle sous l'impulsion de prieurs successifs. Restaurée au XVIIe siècle, son intérieur fut enrichi au siècle suivant. C'est un joyau du gothique flamboyant.

BEFFROI DE SAINT-RIQUIER / PHOTO P.B.

Balade centuloise

Musique, expositions, visite de l'abbatiale, toute une série d'occupations qui peuvent encadrer une agréable promenade.

1 De l'abbaye, suivre la D 925 en direction de Doullens. Après la seconde rue à gauche, s'engager dans la sente étroite entre deux maisons (*de l'autre côté de la rue, en face du départ de la sente : tour Saint-Jean*).

2 Au débouché sur la rue d'Yvrench, tourner à gauche. Traverser la D 32 et prendre en face la rue de Millancourt. Au croisement suivant, continuer dans le chemin en face.

3 Virer à gauche. A la première maison, prendre à droite la sente herbeuse qui conduit à la route. Prendre à droite et de suite à gauche, passer le gué de la rivière (*à droite, ferme de Drugy*). Continuer tout droit jusqu'à la D 925.

4 La franchir et emprunter à gauche l'ancienne voie ferrée aménagée, la traverse du Ponthieu (*ligne de chemin de fer aménagée en chemin de randonnée*). Passer devant l'ancienne gare.

5 À la rue Verte, prendre à droite, monter jusqu'au stop et tourner à gauche. Au stop suivant (D 32), prendre en face la petite route qui monte, passer devant l'ancien four à chaux.

6 Quitter la petite route pour longer à gauche la lisière du bois.

7 À la D 12, emprunter à gauche la traverse du Ponthieu, traverser la D 32 et, à la rue suivante, tourner à droite et poursuivre jusqu'à l'abbaye (*à gauche, maison de Napoléon ; plus loin, beffroi*).

ABBATIALE
DE SAINT RIQUIER
/ PHOTO P.B.

PR® 34

FACILE

3H • 9KM

S SITUATION
Saint-Riquier, à 10 km à l'est d'Abbeville par la D 925

P PARKING
à l'abbatiale

/ DÉNIVELÉE
altitude mini et maxi

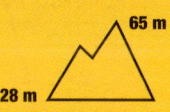
65 m
28 m

B BALISAGE
jaune

À DÉCOUVRIR...

> En chemin :
• Saint-Riquier : abbatiale XIIIe-XVe (façade XVe), abbaye XVe (musée départemental), tours et vestiges de fortification, beffroi XIIIe-VIe, Hôtel-Dieu XVIIe-XVIIIe, maison de Napoléon • Drugy : ferme 1660, construite sur les ruines d'un château XIIIe (cachot Jeanne-d'Arc)

> Dans la région :
• Long : église Saint-Jean-Baptiste, château XVIIIe, usine hydroélectrique (musée) • traverse du Ponthieu
• Abbeville : collégiale Saint-Vulfran XVe, beffroi origine XIIIe, musée d'archéologie Boucher de Perthes, monuments de l'amiral Courbet et du chevalier de la Barre, parc d'Emonville, château de Bagatelle

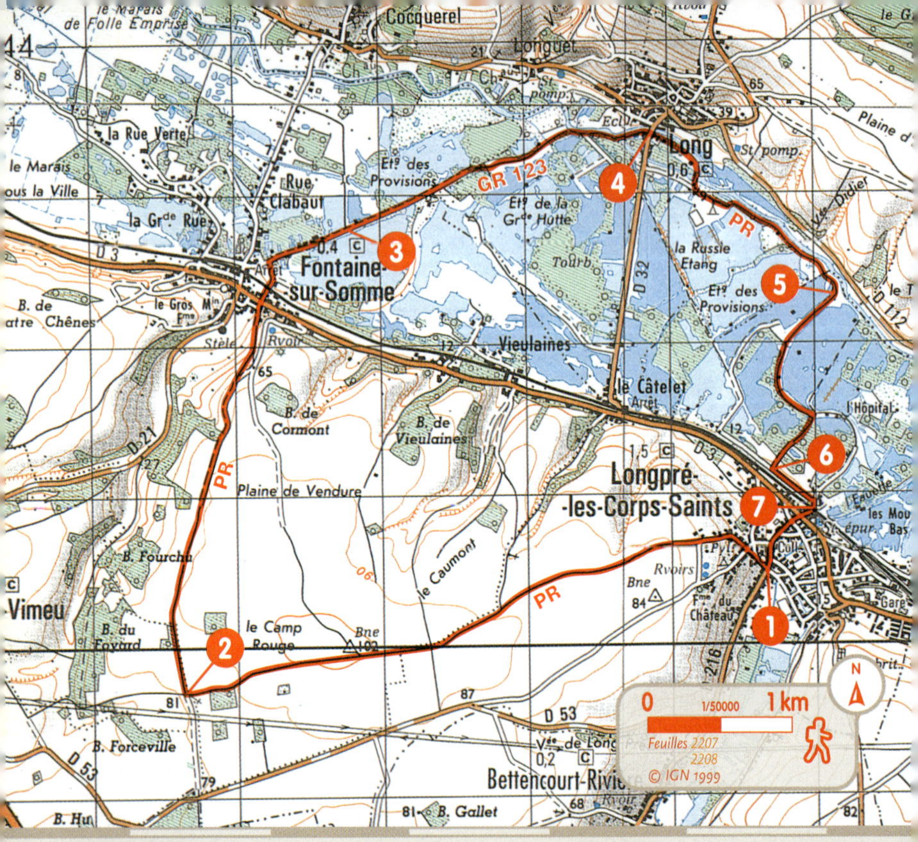

TRADITIONS ET SAVOIR-FAIRE

Tourbe et tourbiers

La plupart des étangs de la vallée de la Somme ont été remodelés par l'homme. Ces « entailles » correspondent à d'anciennes tourbières que l'on a exploitées jusqu'à la fin du XIXᵉ siècle pour palier la rareté du bois de chauffage. De couleur noire, la tourbe, qui contient 50 % de carbone, est le produit de la décomposition de plantes aquatiques.

De mars à septembre, les tourbiers taillaient dans l'eau des cubes noirs et pesants à l'aide du grand louchet, pelle spéciale qui permet de découper de longs pains à plus de 8 m de profondeur. La tourbe était ensuite débitée en briques de 25 cm de long et séchée sur les prés ou dans les granges. De nos jours, ces étangs sont devenus de véritables paradis pour les pêcheurs.

Etangs de Long / Photo P.B.

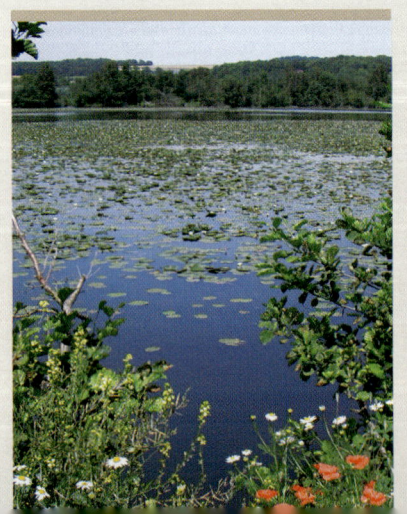

Le **Camp Rouge**

PR® 35

MOYEN

4H • 14,5KM

Un périple qui vous conduira au sommet silencieux du Camp Rouge avant de plonger au milieu des étangs bruissant de vie.

① De la place de l'Hôtel-de-Ville, monter la rue des Cloîtres qui longe l'église, gravir la cavée Vincent et passer devant le camping. Laisser trois chemins à droite et passer le Camp Rouge (*lieu ainsi nommé en mémoire de la sanglante bataille de Crécy-en-Ponthieu en 1346 ; panorama sur la vallée de la Somme*).

② À la croix de pierre, tourner à droite et descendre à Fontaine-sur-Somme (*à gauche, une flèche de pierre dentelée signale l'église Saint-Riquier*). Traverser la D 3 puis la voie ferrée et s'engager sur la petite route à droite.

③ Au croisement, poursuivre tout droit jusqu'à Long.

④ Passer sous le pont de la D 32 et continuer sur le chemin de halage. À l'usine électrique, tourner à gauche et longer de nouveau la Somme.

⑤ Au premier large chemin, s'engager à droite et traverser le Grand Marais.

⑥ Suivre la petite route à gauche et franchir le passage à niveau à droite pour rejoindre Longpré-les-Corps-Saints.

⑦ Suivre la rue de la Division-Leclerc et gagner la place de l'Hôtel-de-Ville.

GRÈBE HUPPÉ / DESSIN F.E.

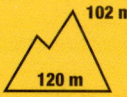

S **SITUATION**
Longpré-les-Corps-Saints, à 18 km au sud-est d'Abbeville par les D 901 et D 218

P **PARKING**
place de l'Hôtel-de-Ville

/ **DÉNIVELÉE**
altitude mini et maxi, dénivelée cumulée à la montée

102 m
8 m
120 m

B **BALISAGE**
jaune

À DÉCOUVRIR...

> **En chemin :**
• Longpré-les-Corps-Saints : église Notre-Dame-de-l'Assemption origine XIIe remaniée XVIIIe (portail et crypte XIIe, reliquaire XIIIe), chapelle néogothique dans le cimetière
• Fontaine-sur-Somme : église XVe-XVIe restaurée (chœur flamboyant à clefs pendantes historiées), croix de gré

> **Dans la région :**
• Long : église Saint-Jean-Baptiste (clocher XVIe, orgue), chapelle Notre-Dame-de-Lourdes (panorama), château XVIIIe, centrale hydroélectrique (musée), obélisque briques et pierres
• Hallencourt : église Saint-Denis (poutre remarquable XVe), chapelles Notre-Dame-de-Lourdes et Sainte-Marguerite, croix de bois, château de Beauvoir XVIIIe, puits en bois
• Hocquincourt : église Saint-Firmin XVe, chapelle funéraire, croix en tuf

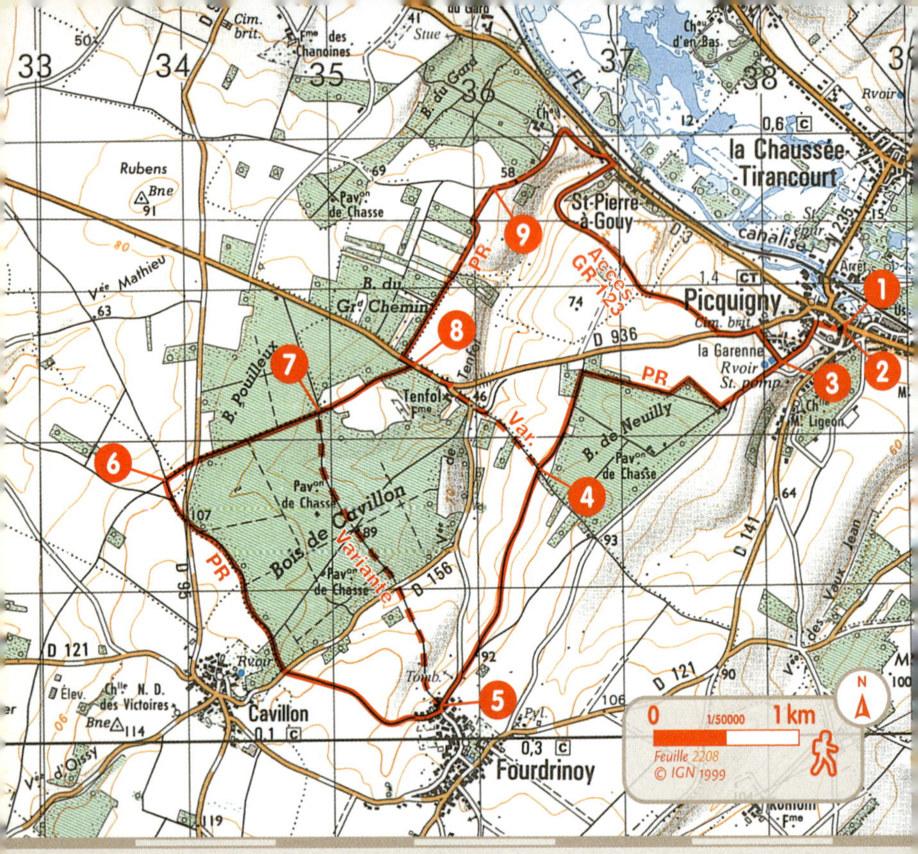

UN PEU D'HISTOIRE

L'ENTREVUE DE PICQUIGNY

Cette entrevue mit fin à la guerre de Cent Ans. En 1470, Charles le Téméraire s'était emparé du château de Picquigny. Cinq ans plus tard, Louis XI et Edouard IV d'Angleterre s'y rencontrèrent sur un pont de bois sur la Somme. Construit pour l'occasion, il était, écrivit le chroniqueur Philippe de Commynes, coupé en son milieu par un treillage de bois « comme l'on fait aux cages de lions ». Louis XI, craignant un attentat, s'était déguisé en paysan pour ne pas se faire reconnaître.

Les deux rois s'embrassèrent comme ils le purent à travers la grille et jurèrent une trêve de sept ans. En fait, Louis acheta la retraite d'Edouard, moyennant 75 000 écus et une rente annuelle de 50 000 écus.

RUINES DU CHÂTEAU FORT DE PICQUIGNY / PHOTO P.B.

Circuit du Tenfol

PR® 36

MOYEN

3H45 • 15KM

TARIER D'EUROPE /
DESSIN F.E.

Pendant de nombreux siècles, le château de Picquigny accueillit les vidames – représentants de l'évêché – d'Amiens. Partez à la découverte de ses ruines qui dominent la vallée de la Somme.

1 Face à la mairie, partir à gauche sur 50 m et tourner à droite dans la rue des Chanoines.

2 Prendre à droite l'escalier Saint-Martin, traverser l'enceinte du château et tourner à gauche à sa sortie.

3 Longer la station de pompage et suivre à droite la lisière du bois. Tourner à gauche, retrouver la lisière et arriver à une croisée de chemins.

> **Variante n° 1** *(circuit de 10 km, 3 h)* **: tourner à droite, longer la ferme de Tenfol et poursuivre par la D 936** *(prudence)*.

4 Continuer en face et gagner Fourdrinoy.

> **Variante n° 2** *(circuit de 13 km, 3 h 15)* **: juste avant la place, prendre le chemin à droite, couper la D 156, traverser le bois et retrouver le circuit principal.**

5 En face, traverser la place et passer derrière le calvaire. La voie devient un chemin de terre. Couper la D 156, monter par le chemin en face entre le parc du château et le bois de Cavillon, poursuivre en lisière et croiser la D 95.

6 À la croisée, tourner à droite, traverser la D 95 et passer entre le bois Pouilleux et le bois du Gard-Amery.

7 Poursuivre en face.

8 Prendre à gauche la D 936 sur 100 m *(prudence)* et tourner à droite. Longer les bois et plusieurs remises situées à droite.

9 Emprunter le chemin à droite, poursuivre en lisière et descendre. Suivre la D 3 à droite sur 50 m, puis monter à droite, au coin du cimetière, par le chemin de terre qui, ensuite, vire à gauche. Prendre la D 936 à gauche *(prudence)*. Avant le cimetière britannique, tourner à droite et retrouver la station de pompage (repère **3**). Par l'itinéraire utilisé à l'aller, rejoindre la mairie de Picquigny.

S SITUATION
Picquigny, à 13 km au nord-ouest d'Amiens par la N 235

P PARKING
place du Général-De-Gaulle (face à la mairie)

/ DÉNIVELÉE
altitude mini et maxi, dénivelée cumulée à la montée

108 m

25 m   130 m

B BALISAGE
jaune

À DÉCOUVRIR...

> **En chemin :**
• Picquigny : site du château des vidames et collégiale
• vues sur la vallée de la Somme
• Fourdrinoy : église

> **Dans la région :**
• Samara : parc archéologique
• vallée et étangs de la Somme
• abbaye du Gard

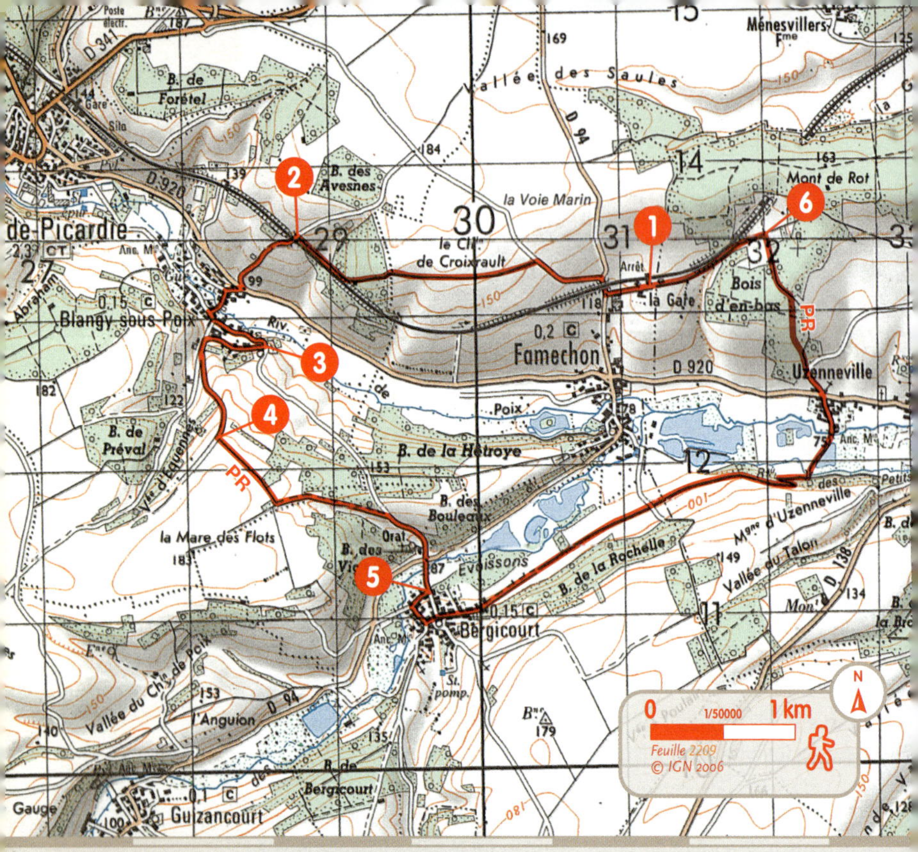

« EL TARTE AL BADRÉE »

Pour terminer un repas, quoi de mieux que cette recette des grand-mères d'antan qui conserve tout son succès. Voici la préparation pour 6 personnes : dans une terrine, fouetter 7 jaunes d'œufs, un œuf entier et 120 g de sucre semoule pour obtenir un mélange blanc et mousseux. Faire bouillir un demi-litre de lait entier, verser et mélanger dans un récipient contenant 3 cuillères à soupe de crème fraîche épaisse et 2 sachets de sucre vanillé. Garnir un moule à tarte beurré de 250 g de pâte feuilletée. Verser le mélange lait sucre et crème dans la terrine, mélanger et déposer sur la pâte « à ras le bol » comme l'on dit en Picardie. Ajouter des pruneaux moelleux et dénoyautés. Cuire à feu moyen pendant 30 mn. Accompagner d'un vin blanc doux.

PHOTO CRT/N.P.

Le **balcon** des **Evoissons**

Habités et parcourus depuis la nuit des temps, vallée et coteaux des Evoissons invitent à la randonnée. Profitez d'une aire de repos pour découvrir un large panorama qui invite au recueillement.

CHEVREUILS / DESSIN F.E.

① Partir en direction de Famechon. Au carrefour, aller à droite. Passer sous le pont de chemin de fer et tourner à gauche. Suivre la route sur 500 m, puis le chemin à gauche. Traverser le bois, puis longer la voie ferrée.

② Prendre la route à gauche. Passer le pont, traverser la D 920 et emprunter la ruelle qui mène au centre de Blangy. Franchir la rivière et tourner à gauche. Gagner l'église.

③ Au pied de l'église, prendre la ruelle à droite. Au bout, se diriger à gauche sur 250 m, puis emprunter la route à gauche sur 500 m.

④ Suivre le chemin à gauche, puis le chemin encore à gauche sur 800 m et poursuivre par la route à droite. Traverser la D 94, la rivière et arriver à Bergicourt.

⑤ À l'entrée du village, tourner à droite, à gauche puis encore à gauche et passer l'église. Continuer tout droit sur 2,5 km. Dévaler la pelouse sèche en deux lacets et prendre à gauche le chemin qui longe l'étang, franchit la rivière, puis remonte. Couper la D 920 *(prudence)* et poursuivre tout droit par le chemin qui traverse le bois.

⑥ Au carrefour près de la voie ferrée, suivre à gauche le chemin qui longe la ligne ferroviaire et ramène à la gare.

PR® 37

MOYEN

3H15 • 13KM

S SITUATION
Famechon, à 28km au sud-ouest d'Amiens par les N 29 et D 94

P PARKING
gare SNCF

/ DÉNIVELÉE
altitude mini et maxi, dénivelée cumulée à la montée

170 m
75 m — 175 m

B BALISAGE
jaune

À DÉCOUVRIR...

> En chemin :
• Blangy-sous-Poix : église Saint-Médard XIIe
• points de vue

> Dans la région :
• Famechon : exposition archéologique
• Frémontiers : moulin
• Poix-de-Picardie : église XVIe

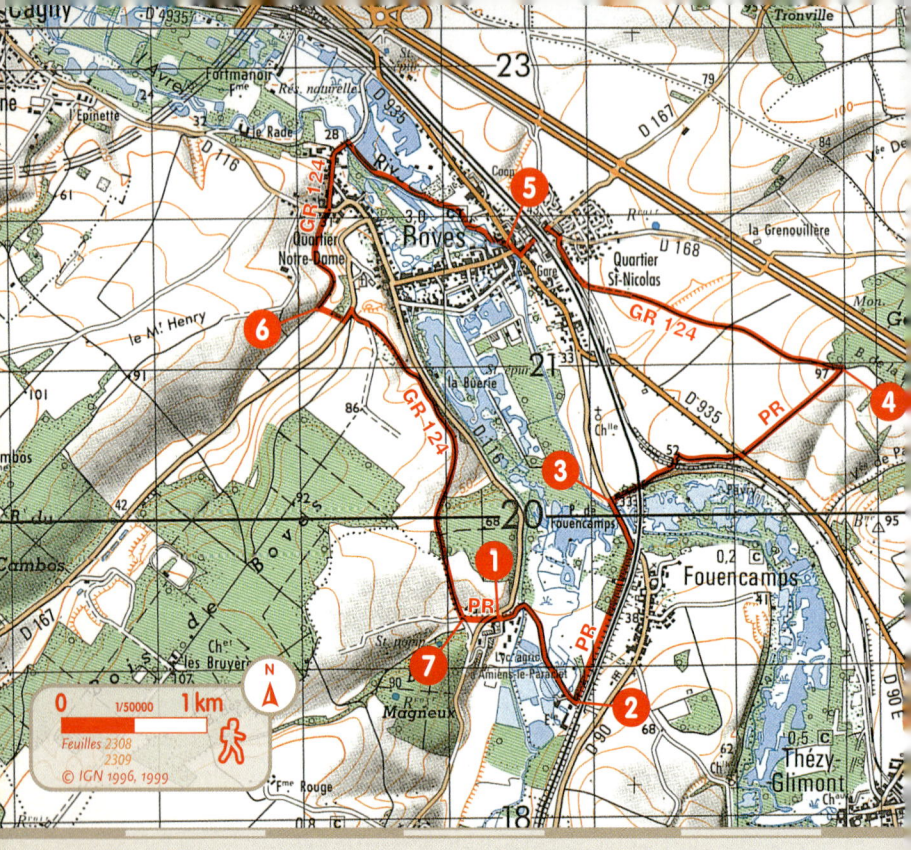

LÉGENDES

LA LÉGENDE DE SAINT ULPHE ET DE SAINT DOMICE

Ulphe vivait au bord de la Noye. Elle était arrivée là suite à un long périple pour fuir les prétendants que lui imposait sa famille. Non loin de là, sur les bords de l'Avre, vivait Domice, un ermite qui s'était dépouillé de ses biens et qui chaque jour se rendait aux mâtines, à Abladène. C'est ainsi qu'à l'aube, il découvrit Ulphe et l'aida à se construire un abri. Depuis, chaque matin, il l'appelait et ensemble ils se rendaient à l'église.

Un jour, pourtant, Domice eut beau crier de toutes ses forces, il n'obtint pas de réponse. Ulphe dormait, le coassement des grenouilles l'ayant obligée à s'endormir fort tard dans la nuit. À son retour, il la trouva « honteuse et fâchée ». C'est alors qu'elle ordonna aux batraciens de se taire à tout jamais…

RUINES DU CHÂTEAU DE BOVES / PHOTO P.B.

Sainte Ulphe

PR® 38
MOYEN
3H15 • 13KM

PINSONS DES ARBRES / DESSIN F.E.

Près du confluent de l'Avre et de la Noye, découvrez la réserve naturelle de Saint-Ladre et souvenez-vous du temps où le château féodal de Boves veillait sur la vallée.

1 Du parking, passer devant la ferme du lycée agricole du Paraclet *(ancienne abbaye)* puis l'oratoire dédié à sainte Ulphe. Se diriger à travers les étangs vers l'école des gardes-pêches.

2 Prendre à gauche le chemin latéral à la voie ferrée jusqu'au pont du chemin de fer. Emprunter la D 90 à gauche et franchir le pont sur l'Avre.

3 Tourner à droite, passer sous la voie ferrée et continuer par le chemin de terre. Franchir le pont sur la voie ferrée secondaire, poursuivre à droite, couper la D 935 *(prudence)* et atteindre le bois de Gentelles.

4 Descendre par le chemin à gauche. Il franchit la vallée sèche de Domart et mène à Boves. Longer la voie ferrée à droite, emprunter la D 168 à gauche, passer sous la voie ferrée et suivre la D 935 à droite.

5 Bifurquer à gauche pour longer la rive droite de l'Avre et franchir le pont Prussien *(confluent de l'Avre et de la Noye, face à la réserve naturelle de Ladre)*. Poursuivre tout droit dans le quartier de Notre-Dame, couper la D 116 et continuer par la ruelle en face. Elle longe des jardins.

6 Gravir la pente à gauche, couper la D 167 et continuer tout droit jusqu'au pied des ruines du château de Boves. Laisser le chemin à droite et descendre par le chemin de terre vers la vallée. Il franchit un vallon, traverse le bois du Faux-Timon puis mène à une intersection.

7 Tourner à gauche et rejoindre le point de départ.

S SITUATION
lycée agricole du Paraclet, à 10 km au sud-est d'Amiens par la D 116

P PARKING
bois Magneux, face au lycée agricole

/ DÉNIVELÉE
altitude mini et maxi, dénivelée cumulée à la montée

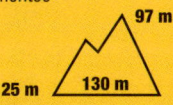

97 m
25 m / 130 m

B BALISAGE
jaune

À DÉCOUVRIR...

> **En chemin :**
• ancienne abbaye du Paraclet (lycée agricole)
• chapelle Sainte-Ulphe et chapelle Saint-Domine
• vallée de la Noye
• réserve naturelle Saint Ladre
• ruines du château féodal de Boves XIIe

> **Dans la région :**
• Amiens : cathédrale, quartiers anciens, hortillonnages, tour Perret

Sur les **pas** de **Jules Verne**

Dans la cité dominée par la tour Perret et la cathédrale qui se mire dans les eaux de la Somme, parcourez les rues sans doute empruntées par le célèbre écrivain.

S **SITUATION**
Amiens

P **PARKING**
place du Maréchal-Joffre

B **BALISAGE**
non balisé

Du centre de la **place du Maréchal-Joffre** ❶ *(monument des Illustrations Picardes sculpté en 1879 par Gédéon de Forceville ; une femme, symbolisant la Picardie, y est entourée de Picards célèbres)*, proche de la maison de Jules Verne, partir vers le nord *(dans le jardin voisin, sculpture d'Albert Roze représentant des enfants lisant autour de Jules Verne)*. Prendre la rue des Otages *(à gauche, hôtel Bouchot Vagnier, début xxe, art nouveau et néogothique, devenu chambre régionale de Commerce et d'Industrie)*, traverser la place René-Gobelet *(statue du maréchal Leclerc à l'entrée du square Saint-Denis)* et continuer par la rue Victor-Hugo jusqu'au n° 36, **musée d'Art local et d'Histoire régionale** *(hôtel de Berny en brique et pierre de 1634 qui fut jusqu'à la Révolution le siège des Trésoriers de France de la Généralité de Picardie)*.

Prendre à gauche la rue Lesueur, contourner le palais de justice *(achevé en 1880)* et tourner encore à gauche. Virer à droite pour faire le tour du square Jules-Becquet et voir au passage **le logis du roi** puis **la maison du Sagittaire** *(façade Renaissance)*. Suivre la rue à gauche puis la rue Dusevel à droite et déboucher sur la place Notre-Dame où se dresse la **cathédrale** ❷ *(la plus vaste de France avec 145 m de long, 70 m de large au transept et 42 m de hauteur sous voûte ; la flèche culmine à plus de 112 m ; fruit d'une longue période de prospérité, elle fut construite en un temps record de 1220 à 1290 environ)*.

Emprunter la rue Cormont qui longe le côté sud, puis descendre à gauche après le chevet de la cathédrale pour arriver dans le quartier Saint-Leu *(niché au pied de la cathédrale, maillé de nombreux bras de la Somme, il vivait naguère au rythme des modestes artisans de cuir, du textile et de la teinture)*. En bas, tourner à droite, puis franchir à gauche le **pont du Cange** *(aux trois arches en grès xve)*. Longer le quai Bélu, continuer par la rue Motte et se diriger vers **l'église Saint-Leu** ❸ *(édifiée au xve siècle en gothique flamboyant)*.

Prendre la rue Saint-Leu à droite *(vestiges des derniers moulins en torchis et bois xvie-xviiie-xie)*. Au bout, tourner à gauche, traverser la rue des Déportés et continuer par la rue en face, au pied de la **citadelle** *(elle fut construite au xvie siècle ; aux austères remparts de briques s'oppose l'élégance de la porte de Montrescu 11 daté de 1531)*. Entrer dans le **jardin des plantes** ❹ *(classé parmi les plus beaux de France)*. Sortir par le boulevard, obliquer à droite et franchir la Somme au **port d'Aval** *(château d'eau en brique et pierre de 1751 qui alimentait quatre fontaines monumentales ; de l'autre côté, bâtiment futuriste de l'Ecole Supérieure d'Ingénieurs en Electronique et Electrotechnique construit en 1993)*.

À DÉCOUVRIR...

> **En chemin :**
• musée d'Histoire locale, cathédrale, quartier Saint-Leu, jardin des Plantes, musée de Picardie, cirque, centre de documentation Jules Verne

> **Dans la région :**
• Amiens : hortillonnages (jardins maraîchers entre les bras de la Somme, cimetière de la Madeleine (tombe de Jules Verne), ensemble de la gare et de la tour Perret (architecture de reconstruction après la Seconde Guerre mondiale)
• parc archéologique de Samara

Sur les **pas** de **Jules Verne**

Continuer en face par la rue de Condé qui vire à gauche *(hôtel particulier XIXᵉ où se voient encore les arcades du cloître des Sœurs Grises)*. Tourner à droite puis à gauche dans la rue Saint-Germain et arriver près de l'**église Saint-Germain-l'Écossais** *(style gothique flamboyant XVᵉ à trois nefs)*.

Emprunter la rue du Chapeau-des-Violettes à droite et gagner la place au Fil, où se dresse le **beffroi** *(emblème des libertés communales)*. Continuer et contourner l'**hôtel de ville 5** *(d'origine XVIᵉ, reconstruit deux siècle plus tard et agrandi au XIXᵉ siècle)* par la droite pour déboucher sur la place de l'Hôtel-de-Ville.

Suivre la rue de Beauvais à droite, la rue des Cordeliers à gauche et déboucher dans la rue de la République, face à l'**ancienne Caisse d'Épargne** *(dont Jules verne fut administrateur)*, près de l'église Saint-Réml. Prendre la rue de la République à droite et passer l'hôtel du Préfet *(1773)*, l'**hôtel des Feuillants** *(ancien couvent achevé en 1663 ; après la Révolution, l'hôtel réaménagé servit au département nouvellement créé ; il est le siège du Conseil Général)* et le **musée de Picardie 6** *(inauguré en 1867 puis en 1869 en présence de l'empereur Napoléon III)*. Traverser le boulevard, tourner à gauche et découvrir le **cirque municipal** *(inauguré par Jules Verne alors conseiller municipal, le 23 juin 1889 ; pouvant accueillir 3 000 personnes, il offre un diamètre de 44 m, une circonférence de 150 m, une hauteur de 26 m et une piste d'environ 130 m²)*.

Emprunter le boulevard Jules-Verne pour revenir au point de départ.

CATHÉDRALE D'AMIENS /
PHOTO P.B.

QUARTIER SAINT-LEU / PHOTO P.B.

ARTS ET LETTRES

JULES VERNE, UN NANTAIS EN PICARDIE

Né à Nantes, Jules Verne (1828-1905) étudie d'abord le droit mais rêve de mer et de littérature. Venu à Amiens en 1856, à l'occasion du mariage d'un ami, il fait la connaissance de sa future femme, Honorine. Devenu agent de change, il rencontre l'éditeur Hetzel qui publie en 1863 *Cinq Semaines en ballon* et achète une maison au Crotoy, en baie de Somme.

Visionnaire obnubilé par la science et les techniques dont la Société industrielle d'Amiens, par son cabinet de lecture, lui ouvre régulièrement les horizons. Il quitte Paris et s'installe en 1871 à Amiens qui devient sa ville d'adoption, il ne la quitte que pour quelques escapades amoureuses et ses croisières.

En 1882, il emménage dans la maison à la tour où il reçoit journalistes et admirateurs. Les mercredis de Madame Verne réunissent la bonne bourgeoisie et, en 1885, le couple donne en ville un bal masqué resté célèbre. L'écrivain s'intéresse à la cité et se fait élire conseiller municipal.

MAISON DE JULES VERNE / PHOTO P.B.

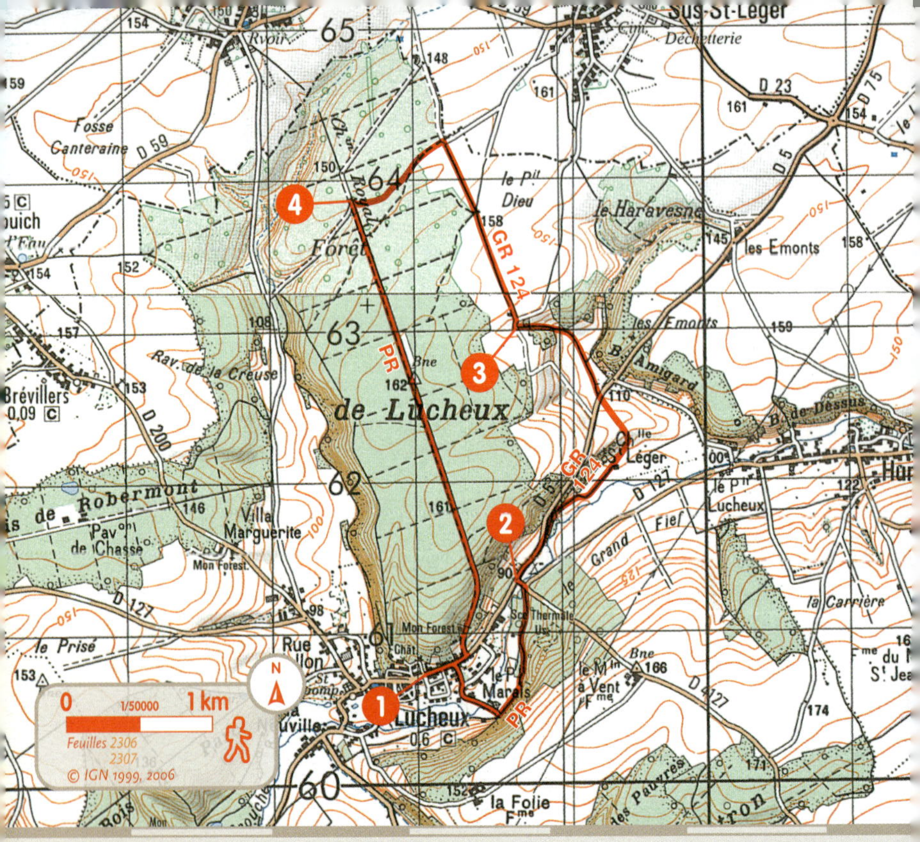

PATRIMOINE BÂTI

LUCHEUX ET L'ARBRE DES ÉPOUSAILLES

À la pointe d'une belle forêt de 500 ha, dans la vallée de la Grouche, à la limite de la Somme et du Pas-de-Calais, Lucheux accueille les ruines d'un des plus importants châteaux forts de Picardie. Édifié par le comte de Saint-Pol vers 1130, détruit et reconstruit à plusieurs reprises, il fut définitivement démantelé par Louis XIII. Le village comporte également l'église Saint-Léger (XIIe siècle), rare édifice roman du Nord de la France, le beffroi du XIIIe siècle où Louis XI signa en 1464 l'édit créant la poste royale, et l'arbre des épousailles : selon une très ancienne coutume locale, les nouveaux époux doivent le jour de leur mariage traverser la porte formée par l'enchevêtrement de deux tilleuls. Le premier des deux qui y parvient devient le maître du ménage.

ARBRE DES ÉPOUSAILLES / PHOTO P.B.

Circuit de l'allée royale

Découvrez les vestiges historiques du pittoresque bourg de Lucheux avant de parcourir les allées de la forêt, où chassèrent seigneurs et têtes couronnées.

FAUVETTE À TÊTE NOIRE / DESSIN F.E.

S SITUATION
Lucheux, à 35 km au nord d'Amiens par les N 25 et D 5

P PARKING
mairie

/ DÉNIVELÉE
altitude mini et maxi, dénivelée cumulée à la montée

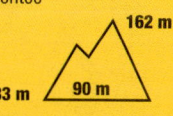

162 m

83 m / 90 m

B BALISAGE
jaune

1 De la mairie, prendre la D 5 vers l'est sur 200 m, puis la rue à droite. Continuer par la rue à droite et franchir la rivière. Au pied du bois, suivre le chemin à gauche. Il longe la vallée et passe près de la source thermale. Emprunter la D 4127 à gauche.

2 Suivre la D 5 à droite sur 400 m, puis s'engager sur le chemin à droite. Il dessert la chapelle Saint-Léger, puis oblique à gauche. Couper la D 5 et continuer tout droit par le chemin. Rester à gauche et monter en direction de la forêt de Lucheux.

3 Prendre la voie à droite sur 50 m, puis bifurquer à gauche. Le chemin passe la corne de la forêt et débouche sur une petite route. Ne pas la suivre, mais s'engager sur le chemin à gauche. D'abord en lisière, il entre ensuite dans la forêt de Lucheux et mène dans l'allée Royale.

4 Emprunter l'allée Royale à gauche. Elle traverse la forêt et descend dans le village. Prendre la D 5 à droite pour rejoindre le point de départ.

VESTIGES DU CHÂTEAU DE LUCHEUX / PHOTO P.B.

À DÉCOUVRIR...

> **En chemin :**
• Lucheux : église XIIᵉ-XVIᵉ, vestiges du château XIIᵉ-XVIᵉ, beffroi XIIᵉ-XVᵉ, arbre des Epousailles
• chapelle Saint-Léger
• forêt de Lucheux : allée Royale

> **Dans la région :**
• Grouches-Luchuel : église
• Doullens : vestiges de l'ancienne église Saint-Pierre XIIIᵉ, église Notre-Dame (Mise au Tombeau XVIᵉ), citadelle XVIᵉ-XVIIᵉ, beffroi XVIIᵉ, hôtel de ville (salle du Commandement unique)

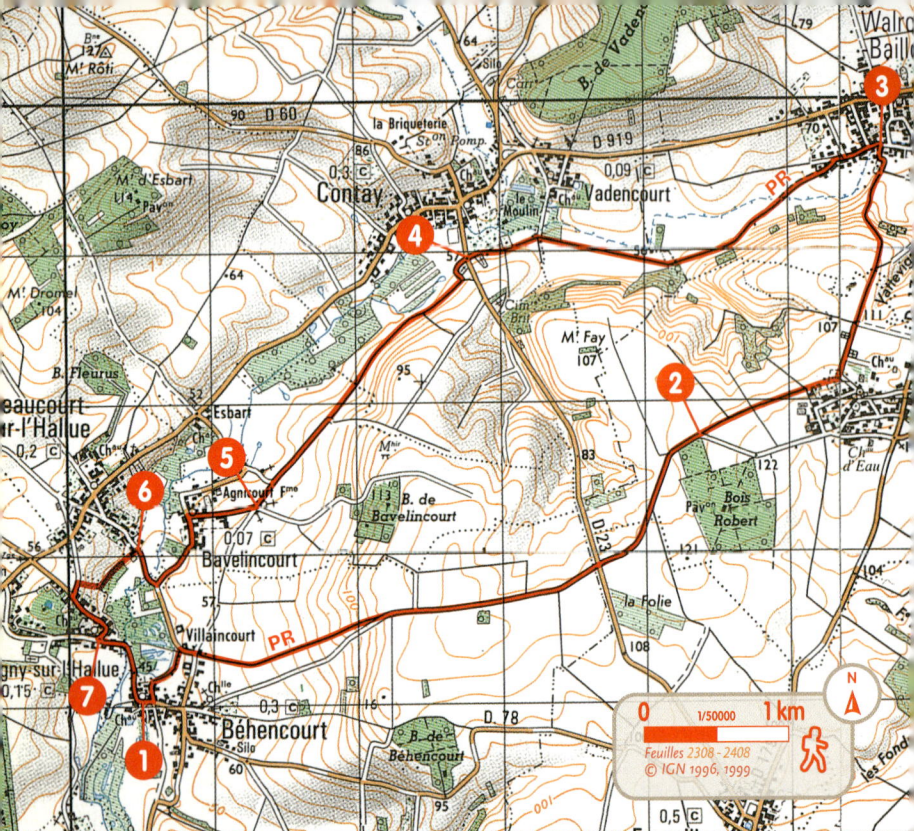

Mystérieuse pierre d'Oblicamps

Si le menhir de Bavelincourt se détache nettement dans le paysage, c'est que l'étrange mégalithe est enterré au tiers de sa taille. Haut de 2,40 m, large de 2,25 m et épais de plus de 40 cm, il est l'un des rares menhirs de la Somme. Il n'est pas tombé là par hasard. Dressé en ce lieu précis de partage visuel des vallées de l'Hallue et de l'Ancre, il serait une sorte de trait d'union entre le ciel et la terre. Capable de les réconcilier voire de conjuguer leurs radiations respectives, ce menhir est, dit-on, source d'énergie ; ses vibrations émettraient des ondes bénéfiques dans un rayon estimé à 28 km. La croyance populaire rapporte qu'au temps des sabbats, les sorciers en auraient fait leur lieu de réunions occultes.

PIERRE D'OBLICAMPS / PHOTO P.B.

Circuit des Monts

PR® 41

MOYEN

4H • 16KM

Parcourez les chemins peut-être empruntés jadis par nos ancêtres du néolithique. Près de Béhencourt, ils polissaient leurs armes et leurs outils sur un silex géant.

1 Prendre la rue de Villaincourt qui se transforme en chemin, puis la route à droite sur 100 m et monter tout droit par le chemin. Continuer par la route, puis couper la D 23 et poursuivre.

2 Juste après le bois, dans le virage, continuer tout droit par le chemin qui mène à Baizieux. Prendre la route à gauche, passer le cimetière et poursuivre tout droit. Le chemin descend à Walroy-Baillon.

3 Emprunter la rue Jules-Verne à gauche jusqu'à la sortie du village, puis s'engager sur le chemin de gauche qui conduit à Contay.

4 Au cimetière, couper la D 23, passer le deuxième cimetière et poursuivre par le chemin à droite en direction de Bavelincourt.

5 Au calvaire, près de la chapelle, descendre à droite. Traverser le village à gauche et continuer par la D 115. Dans le virage, tourner à droite et passer le pont.

6 Au pied de la ferme, partir à gauche en longeant le hangar. Suivre le chemin enherbé jusqu'à la route. L'emprunter à gauche. Au château de Montigny-sur-l'Hallue, prendre la rue du Château à gauche jusqu'à l'église.

7 Emprunter la rue des Prés à gauche, la rue de la Fontaine, passer devant le calvaire et rejoindre la mairie de Béhencourt.

RENARD / DESSIN F.E.

S SITUATION
Béhencourt, à 15 km au nord-est d'Amiens par les D 919 et D 115

P PARKING
mairie

/ DÉNIVELÉE
altitude mini et maxi, dénivelée cumulée à la montée

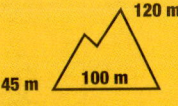

120 m

45 m   100 m

B BALISAGE
jaune

À DÉCOUVRIR...

> **En chemin :**
• Béhencourt : église Saint-Martin, château
• Vadencourt : château
• vallée de l'Hallue
• Montigny-sur-l'Hallue : château

> **Dans la région :**
• châteaux de Saint-Gratien, Querrieu et Molliens
• Contay : temple réformé XIXe
• Fréchencourt : puits tournants
• Hénencourt : château

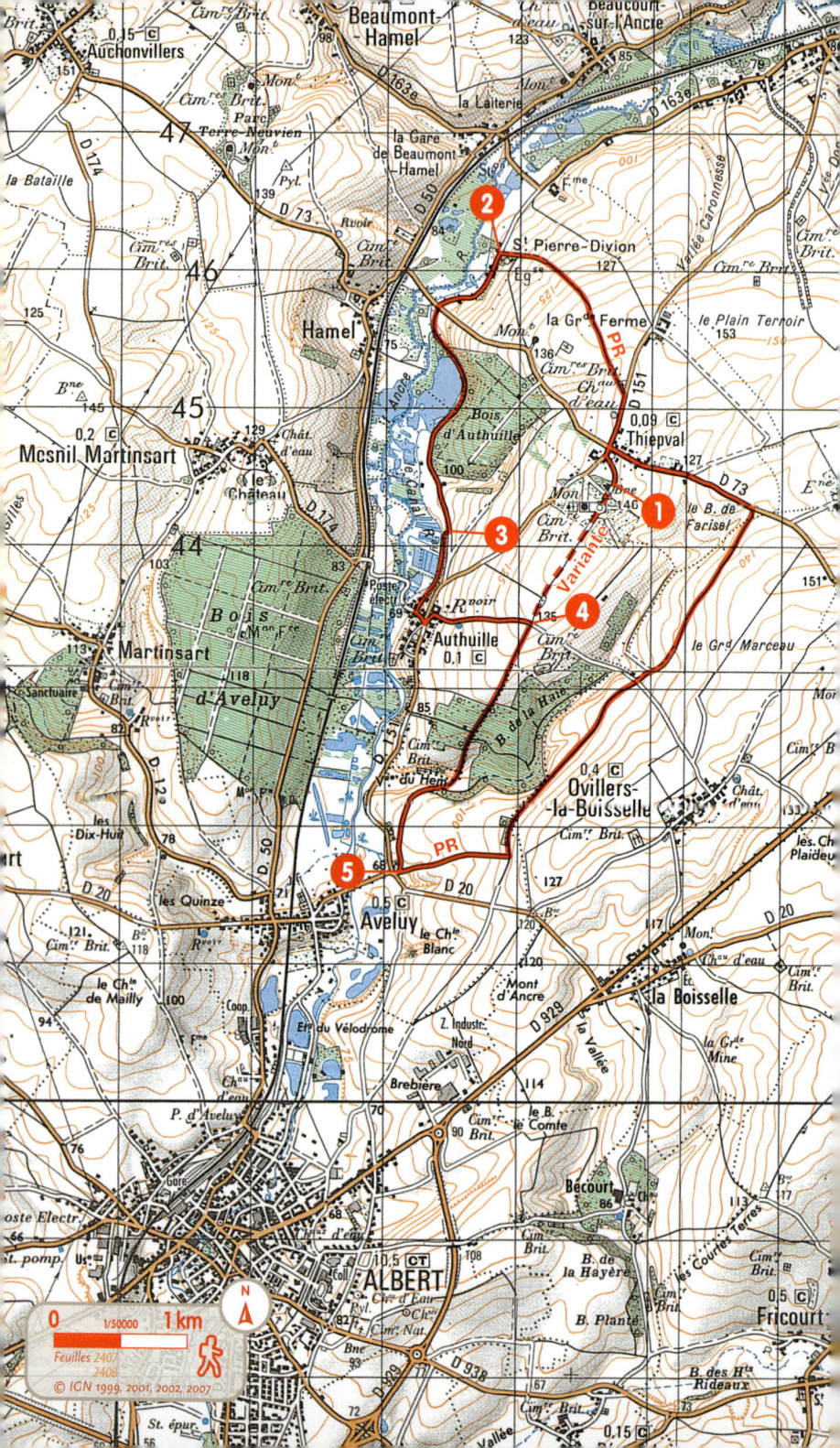

Le **mémorial** de **Thiepval**

Dans la vallée de l'Ancre, découvrez les paysages témoins des batailles de la Première Guerre mondiale. Cimetières militaires et monuments jalonneront le parcours.

1 Du centre d'interprétation franco-britannique, se diriger vers l'église. Au carrefour, prendre la D 151 en face jusqu'au cimetière, puis le chemin à gauche. Il descend dans le hameau de Saint-Pierre-Division et son imposante chapelle.

2 Prendre la route à gauche. Elle longe les marais de l'Ancre. Couper la D 73 et poursuivre en face, entre les étangs et le bois d'Authuille.

3 Après le camping, s'engager sur la sente à droite et arriver dans Authuille. Prendre la rue à gauche, croiser la D 151 et monter en face par la rue d'Ovillers jusqu'au croisement.

> Variante *(circuit de 7 km ; 1 h 45)* **: suivre le chemin à gauche et rejoindre le mémorial.**

4 Descendre par le chemin à droite, traverser le bois de la Haie, franchir la vallée sèche du Hem et continuer par la route en direction du calvaire d'Aveluy.

5 Avant le carrefour avec la D 151, gravir le chemin à gauche sur 500 m, puis suivre le chemin à gauche. Il passe un bosquet puis longe le bois de la Haie. Couper la route et continuer en face. Emprunter la D 73 à gauche, rejoindre Thiepval puis le point de départ.

COQUELICOTS /
DESSIN N.L.G.

S SITUATION
Thiepval, à 41 km au nord-est d'Amiens par les D 929 et D 73 (après Albert)

P PARKING
centre d'interprétation franco-britannique de Thiepval

/ DÉNIVELÉE
altitude mini et maxi, dénivelée cumulée à la montée

146 m

68 m / 160 m

B BALISAGE
jaune

À DÉCOUVRIR...

> En chemin :
• Thiepval : village transformé en forteresse par les Allemands, mémorial franco-britannique, tour de Belfast (mémorial irlandais).
• Saint-Pierre-Division : chapelle • cimetières britanniques • points de vue sur la vallée de l'Ancre

> Dans la région :
• Albert : basilique Notre-Dame-de-Brebières XIXe (statue de la Vierge Dorée), hôtel de ville de style flamand, musée souterrain Somme 1916, jardin public, étangs du vélodrome • Beaumont-Hamel : mémorial terre-neuvien • Ovillers-la-Boisselle : cratère la Grande Mine • Mametz : mémorial à la 38e division (galloise) en forme de dragon • Longueval : mémorial et musée sud-africain • Pozières : monuments aux chars et aux divisions australiennes

Le mémorial de Thiepval

CINQ MOIS DE COMBATS POUR 4 KM

De juillet à novembre 1916, les combats font rage autour de Thiepval, de Beaumont-Hamel et de Longueval. « L'as » français Guynemer et son escadrille de cigognes se taillent une solide réputation dans le ciel de Picardie. Comme les Allemands l'année précédente, les Anglais utilisent les gaz toxiques. Puis le 15 septembre, ils lancent dans la bataille une arme nouvelle, les tanks, pour protéger l'avance de l'infanterie. Un seul parvient jusqu'au village de Bouchavesnes. Thiepval est pris le 25 octobre, Beaumont-Hamel le 13 novembre. Quelques jours plus tard, les Allemands se replient sur la ligne Siegfried.

Cette bataille a provoqué une véritable hécatombe : 1 331 000 morts, soit 453 000 « tommies », 341 000 « poilus », 537 000 « feld grau ». Les Alliés n'ont avancé que de 4 km sur un front de 14 km.

CIMETIÈRE DU MÉMORIAL DE THIEPVAL / PHOTO P.B.

SOMME ET SANTERRE

La Somme, longue rivière tranquille qui naît en amont de Saint-Quentin, serpente sur 245 km de plaines et de vallées avant d'atteindre la mer. La région située à l'est du département, qu'elle traverse depuis sa source jusqu'aux environs de Corbie, est communément appelée Haute-Somme.

Souvent les pieds dans l'eau, les villages s'étirent dans l'axe de la vallée. Maisons paysannes et fermes côtoient des résidences fleuries ou de modestes cabanons. Au bord des étangs où abondent anguilles, blancs et brochets, des barques à fond plat sont amarrées aux pontons. Ailleurs, pêcheurs et chasseurs de gibier d'eau se contentent de huttes ou de tentes. Au-dessus des toits émerge ici un clocher gothique flamboyant, là une tourelle de château en brique et pierre.

À peine rayé par les longs sillons verdoyants de la Somme et de ses affluents, le plateau du Santerre s'étend entre Péronne, Ham et Montdidier. L'épaisse couche de limon a fait de cette région (*Sana Terra*, la terre saine) un des greniers agricoles de la France depuis des siècles.

Le Santerre a été profondément marqué par la Première Guerre mondiale. La reconstruction des villages a fortement transformé le paysage traditionnel. Partout, la brique rouge a remplacé le torchis.

GASTRONOMIE
CANARDS ET FRAMBOISES

« J'ai fait un stage chez un collègue de l'Oise et j'ai eu un véritable coup de foudre pour le canard et ses produits dérivés. Tous mes produits sont faits à la ferme et tous – pâté, confit, rillettes, magrets, foie gras – sont élaborés à partir de recettes personnelles, sans additif ni conservateur. Comme les produits que nous proposions avaient beaucoup de succès, nous avons décidé d'ouvrir la ferme-auberge. Nos hôtes arrivent souvent de Paris ou de la région parisienne, aussi de Belgique. Des grandes villes souvent. Cet été, un jeune couple est venu visiter la région. Le samedi soir, ils avaient remarqué que mon épouse partait avec un panier. Curieux, ils m'ont demandé où elle allait. Elle partait cueillir des framboises, ils l'ont accompagnée et le lendemain, tout le monde ici préparait les confitures ! Notre ferme, nous la considérons un peu comme un îlot de sérénité. Les hôtes qui viennent ici se sentent toujours reposés, sereins comme ils disent, avec un peu la sensation de s'être donné du bon temps et des bonnes choses. »

Xavier Delorme, Les canards de la Germaine, ferme-auberge à Sancourt

HAUTE-SOMME / PHOTO P.B.

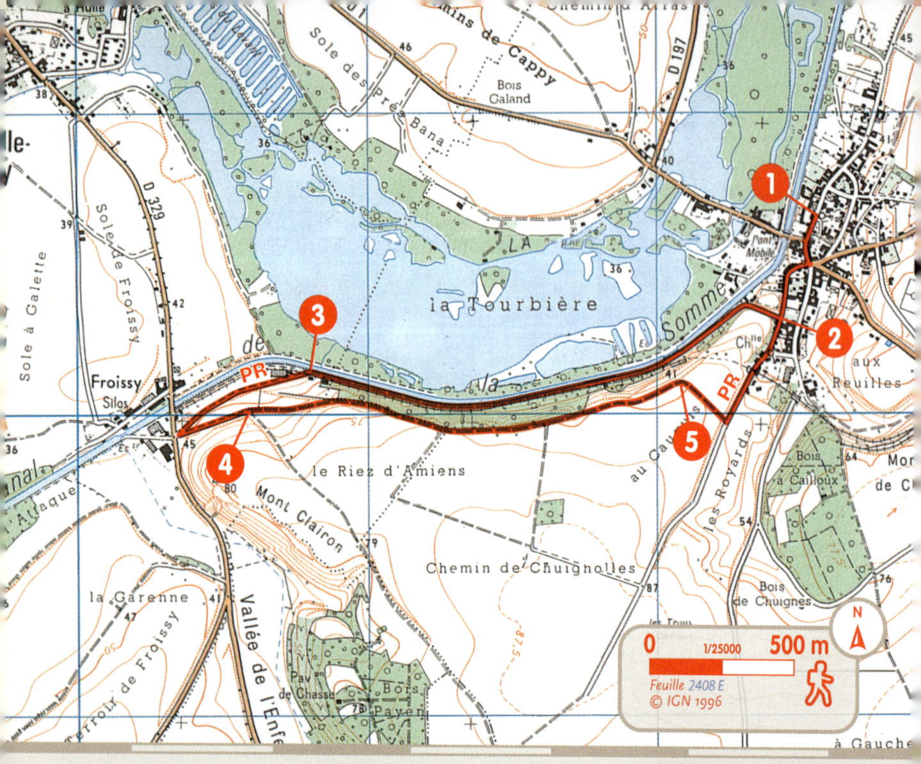

© IGN 1996

Feuille 2408 E

0   1/25000   **500 m**

GASTRONOMIE

LA MATELOTE D'ANGUILLES

Pour 4 personnes, prévoir 800 g d'anguille, 4 tranches de poitrine fumée,
400 g de champignons de Paris, 150 g
d'oignons, huile d'olive, eau de vie de
bière (ou cognac). Pour le fumet : 3 carot-
tes, 2 poireaux, 1 branche céleri, 2 oignons,
2 échalotes, 1 bouquet garni, baies de geniè-
vre, clous de girofle, sel, poivre en grains,
80 g de farine, 60 g de beurre manié, 2 bouteilles de bière Colvert de Péronne.

La veille, dans une cocotte, mettre à suer
à feu doux dans l'huile les légumes taillés
grossièrement. Mouiller avec la bière, ajouter le bouquet garni, les épices, le beurre
manié, saler légèrement. Bien mélanger et
laisser mijoter 1 h. Entreposer au frais.
Le jour même, dans une sauteuse, faire dorer
à feu vif les tronçons d'anguille légèrement
farinés. Les égoutter et nettoyer la sauteuse.

Remettre
l'anguille,
saler et flam-
ber à l'eau de
vie. Réserver.
Faire dorer
les tranches
de poitrine
fumée, ajou-

PHOTO CLAUDIE SÉMINET

ter les champignons et les oignons, cuire
5 mn. Passer le fumet au chinois, le mettre
dans la cocotte, ajouter l'anguille et cuire
15 mn à feu doux. Ajouter la poitrine fumée,
les champignons et les oignons, laisser
5 mn. Servir dans une assiette creuse bien
chaude. Accompagner de pâtes fraîches,
endives ou pommes vapeur.
*Recette de Claudie Séminet du restaurant
L'Escale de Cappy*

Le **Riez** d'**Amiens**

Avant de partir en voyage avec le «p'tit train à vapeur», découvrez ses ouvrages d'art en bordure de la vallée de la Somme.

1 De l'église Saint-Nicolas, suivre la rue à gauche (sud), puis la chaussée Léon-Blum (D 1) à gauche en direction de Péronne. Au monument aux morts, prendre à droite la rue des Vergeaux.

2 Au croisement, emprunter la rue à droite (fléchage «accès au petit train») et continuer à gauche le long du canal de la Somme et de la voie ferrée.

3 Avant le bâtiment, obliquer à gauche et, juste avant la D 239, prendre le chemin à gauche sur 200 m.

4 À la fourche, continuer par le chemin de gauche. Il domine la vallée *(vue à droite, au milieu du plateau, sur le mont Clairon nommé ainsi car on y sonnait jadis les alertes)*.

5 Au lieu-dit Au Cauquis, tourner à droite. Emprunter la route à gauche et franchir la voie ferrée du petit train. Après la chapelle, continuer par la rue des Vergeaux et retrouver le croisement de l'aller.

2 Par l'itinéraire utilisé à l'aller, rejoindre l'église.

PETIT TRAIN DE LA HAUTE SOMME / PHOTO P.B.

S **SITUATION**
Cappy, à 40 km à l'est d'Amiens par les N 29 (direction Saint-Quentin) et D 164 (à Estrées-Deniécourt)

P **PARKING**
église

/ **DÉNIVELÉE**
altitude mini et maxi, dénivelée cumulée à la montée

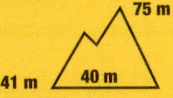
75 m
41 m
40 m

B **BALISAGE**
jaune

À DÉCOUVRIR...

> **En chemin :**
• Cappy : église Saint-Nicolas XVIIe, pont levant
• vallée de la Somme
• Froissy : départ du petit train de la Haute-Somme
• chapelle de 1721

> **Dans la région :**
• Péronne : château XIIIe, historial de la Grande Guerre, musée Danicourt, porte de Bretagne, église Saint-Jean-Baptiste XVIe
• Eclusier-Vaux : étangs
• vallée de la Somme

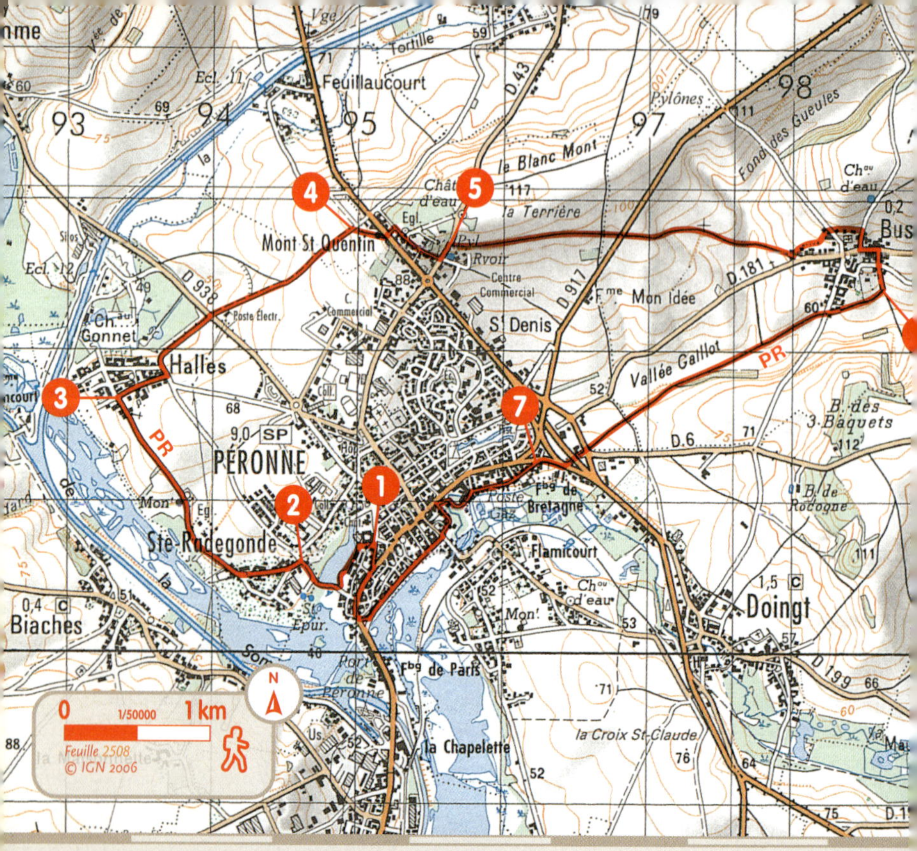

UN PEU D'HISTOIRE

L'HISTORIAL DE LA GRANDE GUERRE

L'historial a été conçu comme un lieu de mémoire européen et un musée des mentalités. Il se propose d'expliquer, à travers une approche de l'histoire culturelle autant que militaire, l'agonie d'une époque et la naissance du monde contemporain. Loin de réduire l'histoire de la guerre à celle des batailles, il présente la vie quotidienne pendant la guerre à travers les témoignages de ceux qui l'ont vécue et porte un regard international sur le conflit.

Situé au bord de l'étang du Cam, le bâtiment s'inscrit dans le prolongement du château médiéval. Construit en béton blanc rappelant la craie des tranchées, l'édifice aux volumes dépouillés repose en partie sur pilotis.

HISTORIAL DE PÉRONNE / PHOTO P.B.

Le **chemin** de l'**Abbaye**

Points de vue sur Péronne et jardins potagers irrigués par les canaux jalonnent le circuit, mais n'oubliez pas le passé historique de la vieille cité martyrisée par les combats de la Seconde Guerre mondiale.

1 Longer par la gauche (sud) l'historial de la Grande Guerre de Péronne et passer en bordure de l'étang du Cam. Emprunter la route à droite.

2 Prendre à gauche la rue Sainte-Radegonde pour traverser le quartier du même nom. Passer l'église et arriver dans le hameau des Halles.

3 Suivre la rue à droite. Au bout, emprunter le rue à gauche et rester sur la route qui vire à droite et passe devant le château Gonnet. Couper la D 938 *(prudence)* et poursuivre en face. La voie s'élève vers le mont Saint-Quentin et arrive à un petit croisement avant la N 17.

4 Obliquer à droite *(à gauche, stèle dédiée à la Deuxième Division Australienne)*, traverser la N 17 *(prudence)* et prendre la rue à droite. Au réservoir, emprunter la D 43 à gauche sur 150 m.

5 S'engager sur le chemin à droite. Poursuivre tout droit, traverser la D 917 puis, avant la D 181, partir à gauche pour contourner Bussu. Couper la route, puis suivre la rue à droite et prendre la D 181 à gauche sur 150 m. Tourner à droite, passer le croisement et continuer par le chemin sur 150 m.

6 Emprunter le chemin à droite, couper la route et continuer par le chemin qui descend la vallée Gallot. Il arrive dans le faubourg de Bretagne. Suivre la D 6 pour passer sous la déviation et la rue à droite sur 200 m.

7 Bifurquer dans la petite rue à gauche, rester toujours à gauche, passer la porte de Bretagne et, avant la place Saint-Sauveur, poursuivre à gauche dans la rue Beau-Bois. Traverser la rue Béranger et continuer par le boulevard des Anglais bordé de jardins ouvriers. Emprunter la RN 17 *(prudence)* puis, à hauteur du tribunal, bifurquer à gauche pour rejoindre l'historial.

BROCHET / DESSIN F.E.

À DÉCOUVRIR...

S SITUATION
Péronne, à 50 km à l'est d'Amiens par les N 29 et N 17

P PARKING
château

/ DÉNIVELÉE
altitude mini et maxi, dénivelée cumulée à la montée

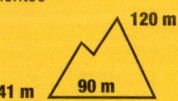

120 m

41 m — 90 m

B BALISAGE
jaune

> **En chemin :**
• Péronne : château XIIIe, historial de la Grande Guerre, musée Danicourt, porte de Bretagne, église Saint-Jean-Baptiste XVIe
• étangs
• mont Saint-Quentin : point de vue

> **Dans la région :**
• vallée de la Somme

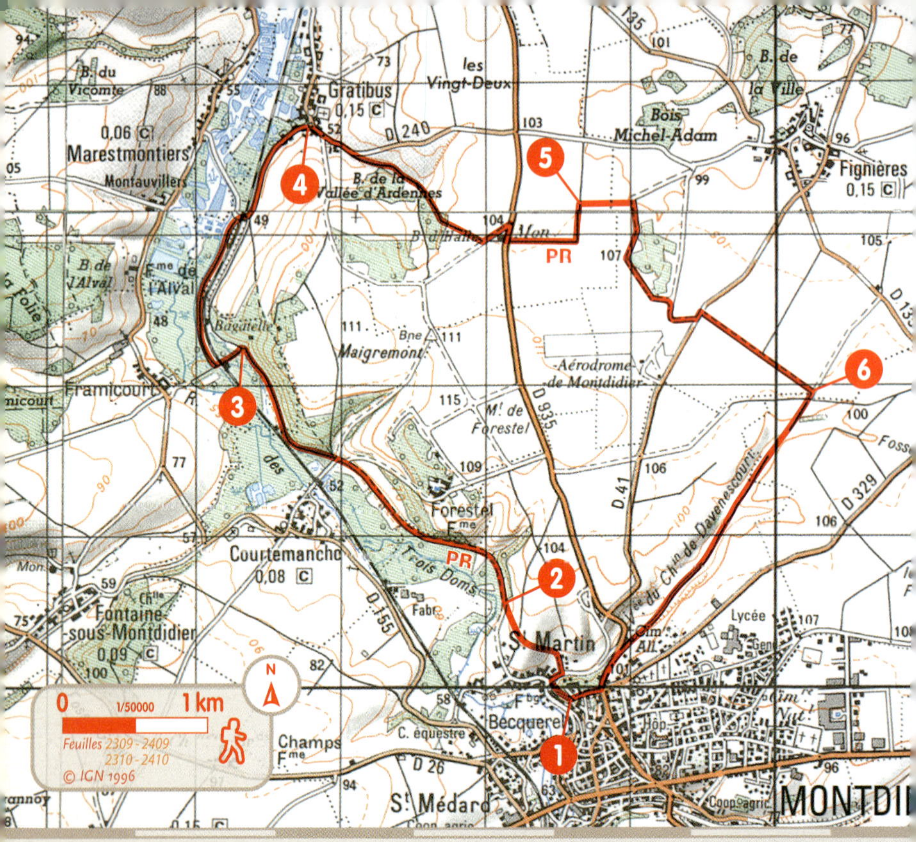
Gratibus
les Vingt-Deux
B. du Vicomte
Marestmontiers
Montauvillers
B. de la Vallée d'Ardennes
Bois Michel-Adam
B. de la Ville
Fignières
B. de l'Alval
Fme de l'Alval
Bagatelle
Maigremont
Framicourt
Aérodrome de Montdidier
Mt de Forestel
Forestel Fme
Courtemanche
Trois Doms
Fontaine-sous-Montdidier
St Martin
Lycée
Fbg Becquerel
C. équestre
Champs Fme
St Médard
Coop. agric.
MONTDI
PR
D 240
D 935
D 41
D 155
D 329
D 26
1
2
3
4
5
6
0
1/50000
1 km
Feuilles 2309 - 2409
2310 - 2410
© IGN 1996

UN PEU D'HISTOIRE

PARMENTIER ET LA POMME DE TERRE

Entré en apprentissage chez un apothicaire de sa ville natale, Antoine Parmentier (1737-1813) s'engage comme aide-pharmacien dans l'armée de Hanovre. Fait prisonnier pendant la guerre de Sept Ans, il est nourri de pommes de terre par ses geôliers prussiens et découvre les vertus nutritives de cette plante à tubercule originaire d'Amérique. Cultivée depuis longtemps en Allemagne, elle est boudée par les Français. A son retour, il est nommé apothicaire adjoint aux Invalides. Lors de la grande disette de 1769, il lance une campagne de promotion de la pomme de terre avec le soutien du pouvoir royal : Louis XV lui offre un terrain et convie la cour à un repas « à la parmentière ». La lente diffusion de la pomme de terre contribuera largement à la disparition des famines en France.

PARMENTIER

STATUE DE PARMENTIER À MONTDIDIER / PHOTO P.B.

Circuit de Saint-Martin

Après la verdoyante vallée, grimpez sur le plateau cultivé, cherchez les champs de pommes de terre (fleuris en saison) et souvenez-vous de Parmentier, natif de Montdidier, qui préserva notre pays des disettes.

❶ Du prieuré, descendre les escaliers à flanc de falaise, prendre la rue à droite sur 50 m, puis tourner à gauche et continuer tout droit à chacune des intersections. Le sentier descend vers la vallée.

❷ Prendre à droite le chemin empierré qui longe la vallée. Au carrefour, rester sur le chemin principal légèrement à gauche. Il frôle la voie ferrée, puis s'en écarte.

POMMES DE TERRE / DESSIN N.L.G.

❸ À l'intersection, tourner à gauche, franchir le passage à niveau et longer la voie ferrée par le chemin à droite sur 1 km. Emprunter la route à droite, traverser à nouveau la voie ferrée et continuer par la route jusqu'à Gratibus.

❹ Suivre la D 240 à droite puis le deuxième chemin à droite. Il remonte la vallée d'Ardennes et longe le bois d'Halle. En haut, prendre le chemin *(ancienne piste d'aviation)* à gauche, la D 935 à droite et, au monument, le chemin à gauche. Il vire à gauche.

❺ Emprunter le chemin à droite, la large voie à droite et contourner le bois. Au croisement en T, suivre le chemin à droite puis la D 41 à gauche et le chemin à droite vers le Champ Madame.

❻ Prendre le chemin à droite et descendre tout droit dans la vallée du Chemin-de-Davenescourt. Suivre la D 935 à gauche et, au carrefour, la rue à droite. Elle conduit au prieuré.

S **SITUATION**
Montdider, à 40 km au sud-est d'Amiens par la D 935

P **PARKING**
prieuré

✓ **DÉNIVELÉE**
altitude mini et maxi, dénivelée cumulée à la montée

108 m
48 m / 85 m

B **BALISAGE**
jaune

À DÉCOUVRIR...

> **En chemin :**
• Montdidier : prieuré, hôtel de ville, églises Saint-Pierre et du Saint-Sépulcre, ruines de l'église Saint-Martin, monument et plaque dédiés à Parmentier
• vallée des Trois-Doms
• Gratibus : église reconstruite après 14-18

> **Dans la région :**
• Moreuil : ruines du château, église reconstruite après la guerre 14-18
• Ailly-sur-Noye : église XIXe (tombeau de pierre noire XVe de Jean de Luxembourg et Jacqueline de La Trémoille), spectacle son et lumière en été

FFRandonnée

TopoGuides GR
Une collection exclusiv

Pour les amoureux de natu
et les sportifs aimant les
vraies aventures.

L'outil indispensable pour
bien préparer sa rando e
cheminer l'esprit serein.

Près de 80 titres dans
toute la France.

TopoGuides®

GR®

Grande Randonnée

**La grande traversée
des Alpes**

Plus de **15 jours** de randonnée

GR
5

FFRandonnée
www.ffrandonnee.fr

Tout le
catalogue en ligne
www.ffrandonnee.fr

Création : Sarbacane Design

TopoGuides®
La meilleure façon de marcher

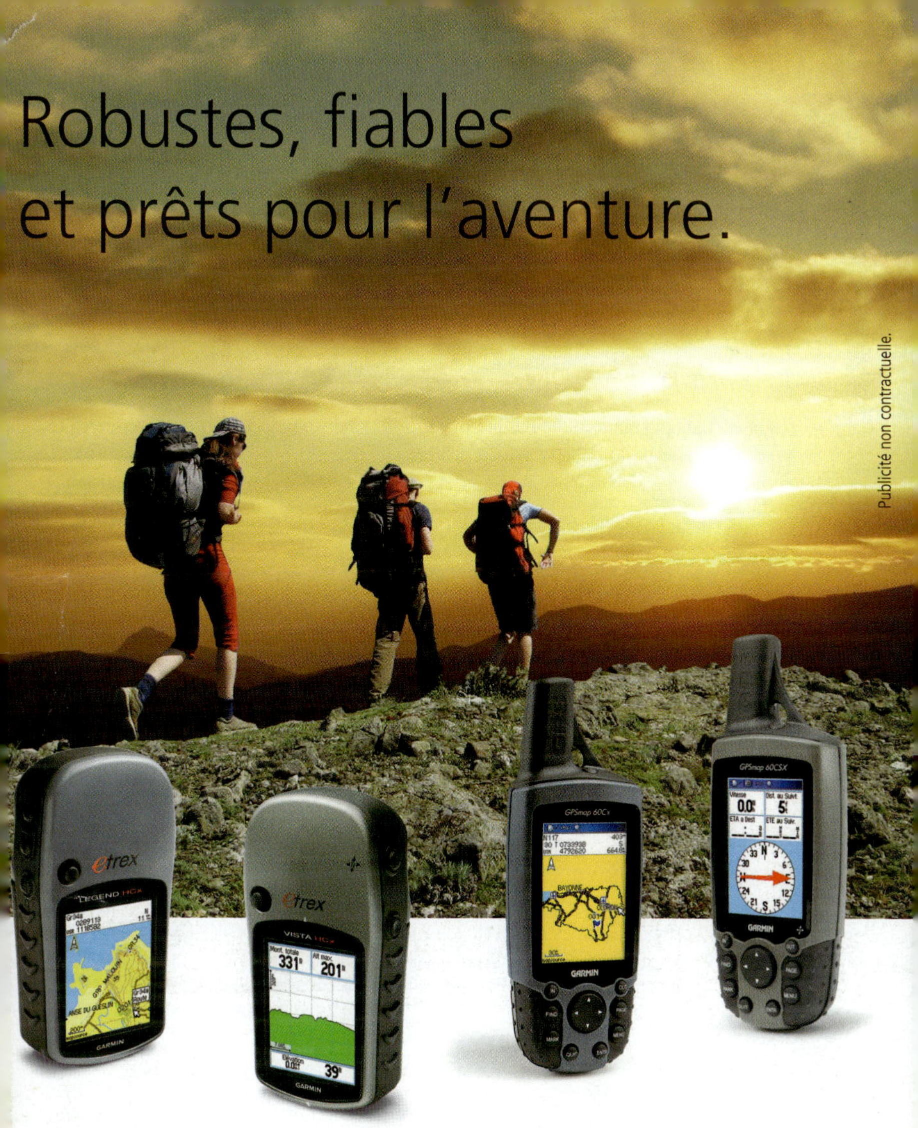

Robustes, fiables
et prêts pour l'aventure.

Publicité non contractuelle.

Compacts et équipés de nombreuses fonctions, les GPS portables cartographiques Garmin eTrex® série HCx et GPSmap® 60Cx/CSx constituent des compagnons idéaux pour les activités de plein air. Ces appareils avec récepteur GPS ultra-sensible vous permettent de rallier toutes vos destinations favorites, en toute simplicité. Grâce à un port pour cartes MicroSD, vous pouvez ajouter une cartographie outdoor, terrestre ou nautique (en option). Sur tous les terrains et en toutes conditions, alliez plaisir et performance en toute sécurité.

Garmin®, fournisseur officiel de la
www.ffrandonnee.fr

www.garmin.com/fr

✓ La réalisation de ce topo-guide a été effectuée en collaboration avec les trois Comités départementaux de la randonnée pédestre ainsi que les trois Comités départementaux du tourisme et le Comité régional du tourisme de Picardie.

✓ Les descriptifs techniques ont été réalisés par les bénévoles des trois Comités départementaux de la randonnée pédestre.

✓ Les textes thématiques ont été rédigés par Jean-Louis Solau, Guy Marival, le CRT Picardie, le CDT de l'Oise, Carole Just, l'OT de Saint-Germer-de-Fly et Patricia Bréquigny.

✓ La coordination a été assurée par le Comité régional de la randonnée pédestre de Picardie, sous la responsabilité de Daniel Pipart, et par sa commission Sentiers régionale présidée par Anne Haution.

✓ La partie rédactionnelle a été effectuée par Gwenaël Savreux, avec l'aide de Caroline Brazier et Jean-Louis Solau pour les itinéraires de l'Aisne et le CDT Oise pour les PR de l'Oise.

✓ Les photographies sont de Sam Bellet (S.B.), David Grouard (D.G.), Jean-Pierre Gilson (J.-P.G.), A.-S. Flament (A.-S.F.), Cyrille Struy (C.S.), Claude Jacquot (C.J.), Patricia Bréquigny (P.B.), Jean-Louis Solau (J.-L.S.), Didier Cry (D.C.), Norbert Peralta (N.P), Arnaud Jeannote / écogarde CCRB (A.J./écogarde CCRB), Pascal Gréboval (`P.G.), X. Grioche et T. Bineau / Thiérache Développement (X.G., T.B.), Eric Van Ees Beeck (E.V.E.B.), Comité régional du tourisme de la Picardie (CRT), Comité départemental du tourisme de l'Oise (CDTO).

✓ Les illustrations sont de François Ennuyer (F.E.), Noëlle Le Guillouzic (N.L.G.) et Philippe Vanardois (PV).

✓ Montage du projet, direction des collections et des éditions : Dominique Gengembre. Assistants développement : Patrice Souc, Emmanuelle Kondineau. Production éditoriale . Caroline Guilleminot. Secrétariat d'édition : Philippe Lambert, Marie Fourmaux. Cartographie et couverture : Olivier Cariot, Frédéric Luc. Mise en page et suivi de fabrication : Jérôme Bazin, Caroline Bardin, Caroline Le Guen. Lecture et corrections : André Gacougnolle, Marie-France Hélaers, Michèle Rumeau.

Cette opération a été réalisée avec l'appui financier du Conseil régional de Picardie, de la Direction régionale du Tourisme dans le cadre du plan État Région, de la Direction régionale et départementale de la Jeunesse et des Sports de Picardie, des Conseils généraux de l'Aisne, de l'Oise et de la Somme.

GÉOGRAPHIQUE

CATHÉDRALE D'AMIENS / PHOTO CRT/S.B.

THÉMATIQUE

PHOTO P.B.

Achevé d'imprimer en France sur les presses d'Oberthur Graphique
sur papier issu de forêts gérées durablement